戀童癖殺手、未成年罪犯、種族大屠殺
從變態心理到群體犯罪，揭開罪惡

崧律

罪後真相
人性與罪惡的邊界

專門謀殺年輕女孩的連環殺手、判處終身監禁的十二歲殺人犯、
不信任社會的校園槍擊案兇手、改變自身人種的變裝搶劫犯……

五大犯罪類型，二十幾則真實案件，
凝視罪惡的深淵，剖析人性的黑暗！

曲楠
京師心智 編著

目 錄

前言

第一章　扭曲的靈魂 —— 變態心理犯罪

- 010　引子：心理變態與犯罪
- 012　卡辛斯基：從天才到恐怖分子
- 021　泰德・邦迪：女大學生殺手
- 034　蓋瑞・利奇威：「綠河殺手」
- 043　喬伊・考特尼：性侵與殺戮
- 054　辛德拉・布魯克案：戀童癖殺手

第二章　迷失的少年 —— 未成年人犯罪

- 064　引子：未成年人與犯罪
- 068　騙了整個國家的15歲少年
- 078　被判終身監禁的12歲少年
- 090　小小年紀的惡魔如何誕生
- 104　福田孝行：姦母殺女的冷酷殺手

目錄

第三章　文明的衝突 —— 文化信仰犯罪

- 118　引子：文化信仰與犯罪
- 120　喬治・雷諾德重婚案：對法律的挑戰
- 127　卓別林驅逐案：聯邦調查局的汙點
- 137　趙承熙：冷酷的校園殺手
- 151　陳明東：華裔滅門案
- 158　凱西・安東尼：她是殺害女兒的凶手嗎
- 171　黑人馬丁被槍殺案：法律與民意的較量

第四章　膨脹的慾望 —— 侵犯財產犯罪

- 184　引子：物欲膨脹與犯罪
- 188　康拉德・茲德茲拉克：變裝搶劫案
- 195　鮑勃・麥克唐納：隕落的政壇新星
- 203　維克多・拉斯提格：賣掉艾菲爾鐵塔

第五章　群魔亂舞 —— 群體性犯罪

- 216　引子：群眾與犯罪
- 219　「路西法效應」：種族大屠殺
- 234　「九月慘案」：「無套褲漢」的狂歡

前言

　　很多人都會對犯罪案件感興趣，甚至有人為此深深地著迷，做著一個又一個精彩刺激的偵探夢。製作精良的探案類書籍和電視劇總能擁有一大批忠實的擁護者，其中的某些情節即使在很多年之後依舊為人們津津樂道，並願意騰出大量的時間來回顧、分析與研究。

　　那麼，什麼是犯罪呢？犯罪是指人們觸犯了法律，從而構成了罪行，即做出某些違反法律的、應當受到刑法處罰的行為。犯罪的後果就是必將受到法律的制裁。可見，犯罪本身其實是一種行為，違反刑法且有責就是犯罪行為。就犯罪行為的界定而言，大到凶殘無比的謀殺，小到擦肩而過時絆了別人一跤，都可能被列入犯罪行為的範疇。

　　對於普通民眾來說，犯罪行為既會讓人覺得恐懼，也會莫名地令人激動。暴力犯罪則是最容易吸引人們注意力的一種犯罪。每當知道自己每天生活的狹小範圍內發生了暴力犯罪時，大部分人會嚇得天色一暗就不敢再獨自出門；但當人多起來的時候，大家又會不自覺地聚集在案發現場附近圍觀、議論。就比如之前有一則新聞報導，某廣場發生了一起

前言

仇殺案，在凶手逃逸之後，圍觀群眾將整個案發現場圍得水泄不通，甚至一度給辦案人員的偵破工作造成了不小的困擾和阻礙。

對於法律的維護者來說，比如正義的化身——警察，他們往往對犯罪行為少了一些恐懼，多了一些反感和厭惡。他們的職責就是減少和預防犯罪行為的發生，並且按照法律規定對落網的犯罪嫌疑人進行處罰。為了打擊和減少犯罪行為，社會各界一直在持續不斷地拿出比較完善或不太完善的解決方案，比如培訓更菁英的警察、安裝呈網路分布的監控裝置、發動廣大人民群眾進行監督，以及制定更嚴厲可行的制裁辦法等，來預防和懲治犯罪。客觀地說，這些辦法都取得了一定的效果，當然，它們更多的還是作用於案發之後，幫助警員們更快地將罪犯抓捕歸案，並且把犯罪行為驅趕到更為隱蔽的角落裡去。

對於人類行為分析領域的專家們來說，他們更希望能夠透過分析研究來深入理解犯罪行為的成因，從而在根源上降低犯罪行為出現的可能性。但專家們的研究只能給出一些極為抽象的概念，這會令非專業人士失去耐心，他們當然不會有興趣去關注諸如「這依賴於情境，個體對情境的反應以及任何可能的變數」之類的句子。究其原因，在於人類行為本身的複雜性，綜合多種確定及不確定的因素後就會得出更多

複雜而多元的答案,而這些答案的指向性會變得非常模糊。心理學研究顯示,多數人是難以容忍和認同這些指向性非常模糊的答案,人們更喜歡單一、直接的解決方案,所以諸如《50招輕鬆改變生活》之類的書籍才會頗受人們的青睞。

可是,在犯罪行為方面我們卻難以用同樣方式寫出一些較為全面、合理的犯罪預防措施手冊。我們只能透過分析「什麼樣的行為會產生什麼樣的心理活動,而這些心理活動又會引發什麼樣的犯罪行為」,來幫助人們了解並預防一部分犯罪行為的出現。

前言

第一章
扭曲的靈魂 —— 變態心理犯罪

就犯罪而言,一般來說犯罪行為多是在常態心理狀況之下實施發生的,而另一部分在變態心理驅使狀態之下發生的犯罪行為,就被稱為變態犯罪行為。基於人類心理狀態的複雜性以及不同的環境和文化背景的影響,所謂變態心理和常態心理的區別也只能是相對的,在一定的原則之下,不同地區和不同學者都有著迥異的劃分標準。

第一章 扭曲的靈魂—變態心理犯罪

引子：心理變態與犯罪

人類的心理狀態可以分為常態和非常態兩種，其中的非常態心理就通常被稱為變態心理。就犯罪而言，一般來說犯罪行為多是在常態心理狀況之下實施發生的，而另一部分在變態心理驅使狀態之下發生的犯罪行為，就被稱為變態犯罪行為。基於人類心理狀態的複雜性以及不同的環境和文化背景的影響，所謂變態心理和常態心理的區別也只能是相對的，在一定的原則之下，不同地區和不同學者都有著迥異的劃分標準。一般來說，廣義的變態心理包括精神病、心理障礙、人格障礙等諸多內容。就犯罪學來說，對變態心理進行的研究是一個非常重要的課題，因為在變態心理支配下產生的犯罪行為，在常態心理之下往往是很難理解的，所以對其加深了解就更有警示意義，更容易制定切實有效的應對措施，以及時預防犯罪行為的發生。

變態心理犯罪的成因有很多，並且大部分都是在多種因素的相互作用之下產生的，主要可以分為以下幾個方面：

第一，遺傳因素。現代生理學、心理學以及精神病學認為，某些變態心理和遺傳有著不可否認的連繫。

第二，生理因素。現代醫學研究顯示，人的神經活動對

於心理活動有著直接性的影響。而一些非正常的生理因素，比如說殘疾或者病變，也很容易促成心理上的變態，這種變態心理很容易促使個體產生犯罪行為。比如說某人身體上有殘疾時，那麼他在多種因素的綜合刺激之下，就很有可能對正常人做出報復性的犯罪行為。

第三，心理因素。在一些消極情緒的影響之下，意志較為薄弱的人很容易產生變態心理。比如在一些挫折和逆境之下，在痛苦、沮喪、憤怒等負面情緒的長時間作用和影響之下，一個人很可能會對世界產生扭曲或不正常的認知。在這些不正常的認知的支配之下，人們就會做出某些不符合常態的行為，比如說針對某些特殊群體的犯罪行為。

一般來說，變態心理犯罪包括人格障礙犯罪、性變態犯罪以及精神異常犯罪等幾種類型。

第一章 扭曲的靈魂—變態心理犯罪

卡辛斯基：從天才到恐怖分子

　　1978 年 5 月 25 日，美國西北大學的工程學教授巴克利‧克利斯特（Buckley Crist）收到一個奇怪的退件包裹，上面標註著該包裹寄往芝加哥大學，因地址填寫有誤而被郵局退回，而寄件人正是巴克利‧克利斯特本人。教授感到非常奇怪，因為他並沒有寄過這樣一個包裹，出於謹慎考慮，他請求一名校警幫他開啟包裹。就在包裹被開啟的一瞬間，現場發生了劇烈的爆炸，該名校警當場重傷。根據前因後果，警察很快判斷出這是一起有預謀的謀殺案，並迅速把目標鎖定在幾個可能對巴克利‧克利斯特教授心懷怨恨的學生身上。但警方幾經調查依舊一無所獲，做了大量的工作卻始終找不到有用的線索，只能暫時將該案列為懸案。

　　1979 年 5 月 9 日，一架從芝加哥飛往華盛頓特區的波音客機帶著濃煙從空中緊急降落。飛機剛剛迫降成功，數名身穿防護服的 FBI 特務便衝進了飛機的行李艙。不多時，一枚藏在包裹裡的炸彈被找到。因為炸彈密封不嚴，致使裝炸藥的鋼管沒能產生足夠的壓力，所以這次爆炸並沒有造成嚴重的後果，只是濃煙滾滾，看起來比較嚇人。為了徹查此事，FBI 詢問了所有機組成員和大部分乘客，卻沒有找到任何有

用的線索。唯一可以確定的就是,在飛機攀升到一萬餘公尺的高度時,行李艙裡傳來了一聲沉悶的響聲,隨即便冒出了大量的濃煙。

這起飛機爆炸案引起了 FBI 的高度重視,凶手的目標究竟是整架飛機還是飛機上的某個人?這起案件到底是個案還是有組織的恐怖襲擊?諸多猜測被擺上案頭,甚至有人在懷疑這是不是一起惡作劇,但是這種可能很快就被排除了。雖然進行了大量的調查,但是案件偵破依然沒有絲毫進展。此時,FBI 還沒有把這兩起爆炸案連繫在一起。為了調查此案,FBI 組織菁英成立了專案組,並宣布美國政府將提供 100 萬美元的懸賞,鼓勵大家提供任何關於凶手的線索。

1982 年 5 月初,郵包炸彈再次出現。在范登堡大學任教的菲舍爾教授收到了一個包裹,包裹寄到了他的辦公室,因其正在外講學,所以他委託私人祕書珍妮特拆開包裹。伴隨著一聲巨響,珍妮特倒在了血泊之中。這個包裹是從美國中西部的楊百翰大學寄往賓夕法尼亞州立大學的,上面標註的收件人正是菲舍爾教授。因為菲舍爾教授早在兩年前就已經離開了州立大學,於是,一名菲舍爾教授以前的同事便把該包裹轉送到了他現在的辦公室。

這一次,FBI 終於把幾起爆炸案連繫在了一起。他們幾乎調查了所有與案件有關的人員,甚至就連那位轉送包裹的

第一章　扭曲的靈魂─變態心理犯罪

熱心同事也被列入懷疑對象範圍內,但依舊沒有突破性的進展。話雖如此,FBI探員們還是在這次的炸彈殘片中發現了新的線索 —— 在填裝炸藥的鋼管上印著兩個字母「FC」,即「Freedom Club」,意思是「自由俱樂部」。這是一個恐怖組織嗎？FBI花費了大量的精力來調查這樣一個似乎子虛烏有的組織,結果依然一無所獲。

事情並沒有就此結束,郵包炸彈一直斷斷續續地出現。據FBI的檔案記錄,一共出現了八枚炸彈,共造成三人死亡、五人重傷。特務們追著八枚炸彈四處奔波,卻始終沒有絲毫收穫,這讓他們非常苦惱,因為威脅一直存在,他們卻沒有什麼辦法去阻止。這種令人尷尬的狀況持續了十多年之後,轉機終於出現了。

1995年5月,或許是凶手覺得有必要更進一步表達自己的意願,畢竟FBI十幾年來都沒有找到絲毫關於他的線索。於是,一篇題為〈論工業社會及其未來〉(*Industrial Society & Its Future*)的文章被寄到了《紐約時報》(*The New York Times*)和《華盛頓郵報》(*The Washington Post*)等大型報社。文章洋洋灑灑數萬字,通篇都在闡述一個觀點,那就是工業化導致了人類的災難,並且呼籲所有人一起來抵制工業化的發展和科學技術的進步。這篇文章之所以會被FBI與持續十幾年的爆炸案連繫在一起,是因為和文章一起寄到報社的還有一封

信，信中很明確地提出了一個要求或者說一個威脅：這篇文章必須在規定的時間內，逐字逐句、不加刪改地刊登在報紙上，否則我就會繼續之前的炸彈恐怖襲擊。

這一威脅，讓收到信件的報社慌了神，他們不知道到底該怎麼辦，因為這種文章刊登出去很容易引起社會騷動，但如果不刊登的話，神出鬼沒的包裹炸彈也始終讓人防不勝防。無奈之下，報社只好把皮球踢給了FBI。聯邦調查局倒是非常乾脆，既然他想發，那就發吧，或許可以一步一步將這個困擾了大家十幾年的「炸彈客」引出來。於是，這篇文章也就順勢被稱作「炸彈客宣言」。

正所謂無巧不成書，文章被刊登之後，作者雖然沒有自己跳出來，但是卻被另一位關鍵人物看到了。一個名叫大衛的人交給FBI一份文件，他在文件當中透露出一個資訊，這名炸彈客很可能是自己的弟弟卡辛斯基。

原來，大衛的妻子琳達在讀到報紙上刊登的「炸彈客宣言」之後，便懷疑到了自己丈夫的弟弟身上，雖然並沒有什麼確切根據，但是她的直覺告訴自己這裡面很可能有某種連繫。雖然大衛一直不相信自己的弟弟會成為一名恐怖分子，認為他不過是個性古怪了一點而已，但是禁不起妻子的一再催促，他只好找出弟弟以往寫來的信件，開始比對起來。經過反覆比對之後，大衛得出了一個令他害怕的結論，這些書

第一章 扭曲的靈魂—變態心理犯罪

信和報紙上刊登的文章之間有著很明顯的相似之處,比如說一些語法和拼寫習慣等。

為了證實或者否定自己的猜想,大衛僱用了一名私家偵探暗中調查自己的弟弟,同時把調查資料交給了華盛頓的一位律師,進行系統的整理和分析。律師和私家偵探的判斷都佐證了琳達的猜測,大衛經過一番思想掙扎之後,把這份資料送到了 FBI 的辦事處。

令 FBI 苦苦追尋了十八年之久的神祕炸彈客終於浮出了水面。幾個月之後,這名炸彈客在自己的一處林間小木屋裡被逮捕歸案。

這名製造了「炸彈恐慌」的罪犯名叫希歐多爾・約翰・泰德・卡辛斯基(Ted Kaczynski),1942 年 5 月 22 日出生在芝加哥,是一名實實在在的天才。卡辛斯基是波蘭移民的後代,從小便天資過人,在小學五年級的時候,就曾因為智商測試高達 167 分,被學校允許跳級。面對新班級裡的「大哥哥」、「大姐姐」們,過人的智商並沒有給卡辛斯基帶來絲毫的優越感,反而是年齡和智商的差異導致了種種隔閡,卡辛斯基感覺自己無法和同學們正常交流。他開始變得沉默寡言,幾乎沒有什麼朋友,並且總是獨來獨往。高中成績依舊一路領先的卡辛斯基更是提前兩年結束了自己的高中學業。

1958 年,16 歲的卡辛斯基被哈佛大學數學系錄取。1962

年從哈佛大學畢業後，他又轉入密西根大學攻讀數學博士學位。普通人需要花費數年時間才能完成的博士學業，在卡辛斯基這裡僅需要幾個月的時間，而且成就更高，他的畢業論文已經達到了世界一流數學家的水平。接下來的四年時間裡，卡辛斯基一直在密西根大學進行學術研究，在此期間，他的數學天賦得到了廣泛的認可，但性格上的孤僻卻越來越嚴重。四年之後，時年25歲的卡辛斯基被加州大學柏克萊分校聘為助理教授。這原本是一份榮耀而體面的工作，但卡辛斯基對這份工作並沒有多大熱情，僅僅工作了兩年之後便辭職離開了，只因他覺得自己和這樣的生活格格不入。

1971年，卡辛斯基在蒙大拿州的一個偏僻山區裡蓋了一間小房子，開始離開父母獨自生活。具有過人智商的卡辛斯基並沒有做出什麼偉大事業的理想，甚至不會利用自己的所學去謀生，而是像工業革命之前的人類一樣，靠山吃山，過著貧窮而簡單的生活。他的這種生活態度自然遭到了家人的反對，沒有人願意一個前途無量的天才就這樣「埋沒」了自己。

長久以來的孤僻和憂鬱，在這種理想與現實的巨大反差之下爆發了，卡辛斯基把這一切歸咎於社會的錯誤發展方向，在他看來，「工業化」就等同於「毀滅」。他認為工業化是社會發展的倒退，使得人類的存在失去了意義，除了金錢，

第一章 扭曲的靈魂—變態心理犯罪

人類似乎再也找不到更有價值的追求了。於是，卡辛斯基決定改變現狀，誓要透過自己的行動來喚醒沉迷其中的人們。這或許就是天才「特有」的想法，在境遇不佳時，不是試著去適應社會，而是妄圖改造社會。

因為其選擇的生活方式，卡辛斯基的經濟一直很拮据。為了能夠發動改造社會的「炸彈運動」，他開始偶爾外出找一些工作來籌集資金，再加上家人時不時地接濟，才使得他有了實行自己計畫的資本。不過也幸虧由於資金的限制，十幾年的時間裡卡辛斯基只寄出了八枚炸彈，如果他有充足的資金，那麼炸彈的數量恐怕要呈等比級數增長了。

1978年，卡辛斯基的「炸彈計畫」正式開始付諸實施。他將一個故意寫錯地址的包裹郵寄到了芝加哥大學，既然寫錯了地址，郵局方面自然會將其原封不動地退回，於是這個包裹便順利地到達了它真正的目的地——美國西北大學工程學教授巴克利・克利斯特的辦公室裡。陰差陽錯之下，炸彈只是炸傷了一位校警，但這也開啟了卡辛斯基漫長的「炸彈運動」之路。

1996年4月，聯邦調查局以國內恐怖主義、謀殺、使用及製造炸彈等罪名對卡辛斯基提起訴訟。或許是認清了現實，又或許是其他原因，卡辛斯基拒絕一切能為自己開脫罪名的方法，甚至直接解僱了法庭為其指定的律師，並且對所

有的指控供認不諱。卡辛斯基的律師曾向其提出利用精神疾病來減輕懲罰的建議，他卻毫不猶豫地拒絕了。1998 年，聯邦法庭判處卡辛斯基終身監禁，並且不得假釋。

【犯罪心理分析】

「精神病態」這一詞彙所涵蓋的範圍極廣，事實上只有其內涵的第一類「原發性精神病態」才是我們通常意義上所講的「精神病」。

在精神病態中，還有一類被稱作「逆社會行為型精神病態」，也就是我們通常所講的人格障礙以及反社會性（也有專家認為反社會人格障礙和精神病態並不相同）。通常一提到人格障礙和反社會性，人們首先想到的便是那些瘋狂殺人的變態殺人狂，其實那只是一個非常狹窄的定義。廣義上講，所謂的反社會行為，事實上就是和法律或者規則敵對的行為，對於有反社會行為的人來說，只要是法律所規定的，只要是社會約定俗成的，他們都會持敵對態度，而在這類人當中，有很大一部分相較於普通人而言學識更為豐富、頭腦更加聰敏。

反社會思想和行為並不會先天產生，多數是從亞文化當中後天習得，比如說來自家庭或者一些反社會組織；也有一些是由於自身原因產生的，較為常見的一種犯罪誘因叫做

第一章　扭曲的靈魂—變態心理犯罪

「挫折引發的犯罪」。挫折是普遍存在的，幾乎時刻伴隨在每一個人左右，這和智商以及家庭背景等都無絕對關係，比如 20 世紀末中國國內存在很多備受矚目的「少年班」天才，其中很多人都在曇花一現之後轉而走向一條常人意料之外的道路，有的出家為僧，有的潦倒一生，有的甚至出現了精神錯亂。事實上，對於智商超群的人來說，他們更容易受到挫折的打擊。高智商並不代表高情商和更強的承受挫折的能力。

本案中的卡辛斯基就是這樣，智商高達 167 的人在全世界範圍內也是為數不多的。但正如前面所說，智商高不代表情商高，卡辛斯基的智商帶給了他極大的優越感，卻沒能為他帶來相應的健全人格和滿足感。天才通常都是自負的，卡辛斯基智商上的優越感使得他在面對所有人時都會產生一種「不屑」的自傲，所以當他遭遇挫折的時候首先想到的並不是自我檢討，而是尋找客觀理由，從而產生一種病態的症狀，也就是「不是我的錯，是世界的錯」的偏激想法。空有過人的智商卻無法贏得自己想要的一切，他把自己的失敗歸咎於社會發展方向的錯誤，開始覺得是社會發展的方向出現了偏差，從而促使他想方設法地要改變這一切。想要阻止工業文明的發展，自然就要從消滅那些卡辛斯基認為的「引領工業文明發展的先驅」——優秀的學者們開始。於是，炸彈襲擊由此發生。

泰德・邦迪：女大學生殺手

眾所周知，美國沒有戶籍制度，所以作為一個美國公民，只要沒有違法紀錄，那麼無論你想住在哪裡都不會被政府部門過問。這在賦予公民極度自由的同時也會帶來一些問題，比如說當你搬到一個新的社區時，你不會知道你的鄰居都是些什麼人，甚至連你所在轄區的警察局也不一定知道。因此，在美國，犯罪行為一旦發生，執法人員第一時間想到的就是查詢犯罪紀錄，而如果沒有記錄在案的話，他們就只能「貼告示」、「登廣告」，然後等待舉報電話了。

1973年12月6日，一對年輕的戀人在社區附近的公園裡散步，並且刻意向一個很少有人經過的角落走去。熱戀中的年輕人總是喜歡在比較隱蔽的空間裡單獨相處。然而，這對只顧著親熱的情侶卻在往草叢走的路上不小心被絆倒了，這原本不是什麼大事，但摔倒在地的女子卻被眼前的景象嚇得說不出話來──絆倒她的是一個人，確切地說是一具屍體。警察很快趕到現場，並透過走訪確定了死者的身分，一名年僅15歲的少女，名叫凱西・迪瓦恩（Kathy Devine）。死因是窒息，她是被勒死的。令人不解的是，凶手在勒死她之後還割開了她的喉嚨。警方在現場沒有找到任何有用的線

第一章 扭曲的靈魂—變態心理犯罪

索,唯一可以得出的結論是凶手應該是一名男性,因為死者有遭受性侵犯的痕跡。

警方迅速展開了調查,但是沒有任何發現,更可恨的是,凶手似乎毫不忌憚警方的調查,一個月之後,也就是1974年1月初,一個名叫喬尼・莉茨(Joni Lenz)的女孩被人用極為相似的手法殺害,警方這次同樣沒有找到任何線索。連續有兩名女性被害人出現,警方基本認定這是一起連環殺人案。緊接著在1974年1月31日,警方接到華盛頓大學的報案,一名叫琳達・安・希利(Lynda Ann Healy)的女大學生失蹤了,當天她回到寢室之後就再也沒有人見過她。

案發現場的狀況令所有人感到不安,沾有大量鮮血的枕頭、消失的床墊和枕套、染著血痕的睡衣領口等一系列跡象都說明,這裡極有可能發生了一起凶殺案。但是因為沒有找到屍體,也沒有其他有價值的線索,所以警方只能暫時認定這名女生失蹤。「或許某天她就回來了。」一名警員故作輕鬆地在調查報告中這樣記錄著。

然而事與願違,不僅這個名叫琳達・安・希利的女生沒有回來,其他更多的被害人不斷出現,噩夢也在持續上演。警方將所有的案件綜合在一起,發現基本可以斷定是一人所為。所有被害人都具有某些共同點,比如說長髮、白人、身材高挑、獨居等,而且遇害的時間都是晚上。

泰德‧邦迪：女大學生殺手

與此同時，終於出現了一條關於凶手的線索：有目擊者稱，曾經在案發現場看到過一位身上打著繃帶、略顯怪異的年輕男子。不過目擊者之間開始出現分歧，有人說那名男子是腿上綁著繃帶，也有人說是在手上，還有人說對方稱自己的車子拋錨了，希望得到幫助。

此後，找到這名神祕的年輕男子就成了警方破案的關鍵，但由於眾說紛紜，警方一時還是難以拼湊出一個確切的形象。

同年8月，又有兩名女大學生失蹤，隨即就有清潔工人報警稱在西雅圖瑟馬米什湖州立公園發現了一些極為恐怖的東西，看毛髮像是人類頭顱的碎片。警方經過化驗確認這些骨骼碎片正屬於剛被報案失蹤的兩名女學生——珍妮絲‧奧特（Janice Ott）和丹妮斯‧尼斯倫（Denise Naslund）。調查顯示，兩名女生並不認識，在遇害之前也沒有什麼交集，所以警方判定凶手是在同一天當中兩次作案。與此同時，前面目擊者提到的年輕人再次出現在案發現場附近，不過這次警方知道了年輕人的名字——泰德。這是警方蒐集到的關於嫌疑人的第一條確切消息。

就在警察四處尋找這個名叫泰德的人時，被害人再次出現。1974年10月，猶他州警察局局長路易斯‧史密斯年僅17歲的女兒離奇失蹤，九天後，警方找到了她的屍體，凶手

第一章　扭曲的靈魂—變態心理犯罪

殺人的手法與之前完全一樣；僅僅十三天後，又出現了一個名叫勞拉・艾米（Laura Aime）的被害人，她的屍體被丟棄在山區的一條河邊。

三個州的警察們都無比憤怒，這個狂妄殘暴的凶手不但連續作案，甚至挑釁似的將警察局局長的女兒列入了他的「死亡名單」。但這種憤怒對於偵破案件毫無益處，他們依然理不清線索，無法找到這個名叫「泰德」的殺人狂。

1974 年 12 月 8 日，一名被害人成功從泰德的手中逃脫，她為警方提供了詳盡而有力的線索。在回憶案情時，18 歲的卡羅爾・達羅奇（Carol DaRonch）仍驚魂未定。據她描述，當時泰德假扮成警察聲稱要帶她回警局做筆錄，實際上卻準備再次作案。機智的卡羅爾・達羅奇發現了泰德的異常，極力反抗並順利逃出了車子。隨後，她在街上碰到一對剛好路過的夫婦，便搭上他們的車成功逃脫泰德的魔爪，並立刻趕往警局。遺憾的是，當警察迅速趕到的時候，泰德早已不見蹤影。

凶手在幾個州之間流竄作案，警方卻連對方的影子都抓不到，最有效的破案手段反而是等待知情者的電話舉報。根據卡羅爾・達羅奇的描述，警方做出了犯人「泰德」的模擬畫像，並透過各種媒體廣泛宣傳。此後，大量聲稱認識「泰德」的人把電話打到了警局，同時真正認識泰德的梅格（Meg

Anders）也打來了舉報電話。遺憾的是，警方的嫌疑人名單實在太長了，梅格的舉報訊息就被暫時擱置了下來，這又給了凶手繼續作案的時間。就在卡羅爾・達羅奇逃脫魔掌的同一天晚上，一個名叫黛比・肯特（Debby Ken）的女孩失蹤了。當天晚上，她陪著父母一起去看演出，因為要去接自己的兄弟而提前離開了，自此便不見蹤影。鬱悶的警方追著泰德的蹤跡跑遍了美國北部的幾個州，卻從來只是聽到關於這個奇怪年輕人的傳說，就是無法將其抓捕歸案。

1975 年 3 月 12 日，四處追捕泰德的警察在距離一家酒店幾米之外的地方發現了一具赤裸的屍體，被害人名叫凱倫・坎貝爾（Caryn Campbell），一個多月前，凱倫一家人準備前往科羅拉多旅遊，途中就住在幾公里外的那家酒店裡。

就在追捕與逃脫的過程當中，更多的被害人屍體不斷地被發現。一具又一具，不同的地點，相同的殺人手法，其中就包括一度被認為只是失蹤的琳達・安・希利。於是，這個名叫「泰德」的年輕男人成了很多單身白人女性的噩夢。

這種狀況一直持續到 1975 年 8 月 16 日。這一天，猶他州的公路巡警鮑勃・海沃德（Bob Hayward）攔住了一輛形跡可疑的汽車，當他要求對該車輛進行檢查時，司機突然掉頭企圖逃走。被截停後，鮑勃・海沃德和另外兩名警察開始仔細搜查整輛車，並在車子裡發現了大量可疑物品，包括繩

第一章　扭曲的靈魂─變態心理犯罪

子、手銬以及鐵鍬等。同年12月，曾經從泰德手中逃脫的卡羅爾・達羅奇出庭指認，這就是那天試圖綁架自己的凶手。法網恢恢，這個喪心病狂地殺害了幾十名年輕女性的變態殺人狂終於落網。

那麼，這個馬不停蹄地奔波於幾個州之間瘋狂殺人的泰德到底是什麼人呢？說出來或許很多人都不願意相信，這個名叫泰德・邦迪的殺人狂魔，竟然是一位旁人看來品學兼優、彬彬有禮的帥哥。他有著在名牌大學求學的經歷，並且以優異的成績順利畢業，然後進入政府部門工作，領著豐厚的薪水，生活看起來極為光鮮亮麗。這樣的人怎麼會是一個瘋狂殺害年輕女性的魔鬼呢？對此，很多人都覺得不可思議，甚至還有不少年輕女性在泰德被捕後聯名為其進行聲援。

為了確定他們抓到的「泰德」正是那個瘋狂殺害了幾十名年輕女性的「瘋子」，監獄方面對泰德進行了心理評估，並且得出了他「有精神病傾向」、「對女人有依賴症」、「和異性交往時伴有強烈的恐懼感」等一系列評估結果。隨著進一步調查，泰德・邦迪的過往也被警方掌握，那或許就是導致他一系列瘋狂行為的根源。

泰德・邦迪（Ted Bundy），1946年12月24日出生於佛蒙特州，原名狄奧多・羅伯特・考維爾（Theodore Robert Cowell)。他的母親名叫愛莉諾・露易絲・考維爾（Eleanor Louise Cowell），費城人；他的親生父親名叫勞埃德・馬歇爾（Lloyd Marshall），是一個轉而從商的飛行員。事實上，父親勞埃德從來都不知道自己還有一個名叫泰德的孩子，母親愛莉諾是一名單親媽媽。更離譜的是，泰德出生之後就被母親帶回了費城，並被交給其外祖父和外祖母照看。年幼的泰德一直以為，外祖父和外祖母才是自己的父母，而他真正的母親一直充當著一個類似於姐姐的角色。

泰德5歲時，母親和一名廚師結了婚，並帶著他搬到華盛頓州居住。繼父名叫強尼・庫爾珀珀・邦迪（Johnny Culpepper Bundy），此時的泰德也正式改名為狄奧多・羅伯特・邦迪，在被公路巡警鮑勃・海沃德逮捕時，泰德用的就是這個名字。強尼一直試圖做一個稱職的好爸爸，雖然是繼父，但是他對泰德並沒有什麼偏見。可惜被迫移居改姓的泰德並不甘心接受這一切，在他看來，是姐姐（母親）將自己從父親（外祖父）的身邊帶離，這令他開始對周圍的一切都感到不安和恐懼。

儘管泰德一直是位品學兼優的好學生，在學校時期還堅持打工，但他的僱主們卻對其持一種保留態度，他們認為泰德做事沒有耐性，不可靠，換工作的頻率過於頻繁。這無疑是一個糟糕的習慣。而且泰德的沒耐性不僅展現在工作上，

第一章 扭曲的靈魂—變態心理犯罪

也展現在感情方面。

每個少年的心中都會有一個夢中情人，泰德也不例外，這名女性的名字叫做史蒂芬妮·布魯克斯（Stephanie Brooks）。相比於大多數少年只能遠遠地望著自己的夢中情人，將自己置身於「暗戀—失戀」的惡性循環當中，泰德卻要比他們幸運得多，他得到了史蒂芬妮的青睞。兩人有著共同的愛好──滑冰，在滑冰場相遇之後便相談甚歡，然後感情進一步發酵，繼而成了戀人。

從小就沒有真正享受過家庭溫暖的泰德在這段感情中顯得有些難以自拔，但史蒂芬妮的感受卻恰恰相反。她漸漸有些受不了泰德的性格，認為他做事太沒有耐性了，讓人覺得很不可靠。於是兩人的關係開始漸漸地疏遠，泰德想盡一切辦法試圖挽回，但換來的只是史蒂芬妮更多的失望，他們最終還是分手了。

這段維持了不到一年的失敗戀情對泰德的打擊非常大，甚至一度讓他對所有的事情都喪失了興趣。緊接著，一件更加令他震驚的事情出現了，他終於知道自己的姐姐才是自己的母親，而自己所認為的父母實際上卻是自己的祖父母。很難想像當時泰德是一種什麼樣的心情，或許覺得整個世界都混亂了吧。

遭受接二連三的打擊之後，泰德的性格發生了劇烈的變

化。他開始變得外向和果斷,並開始認真努力地做每一件事情(或許殺人這件事情他也在認真努力地做,只是讓人不知道該如何評價)。他重新回到學校,在華盛頓大學心理學系繼續深造,並交了一個新的女朋友梅格。這個梅格就是在警方通緝泰德時打舉報電話的那個女孩,可惜她的舉報訊息被積壓了很久。梅格一直希望能和泰德結婚,但泰德並不這麼想,他曾對一個關係比較親近的朋友提到過,自己唯一愛過的人只有史蒂芬妮。從華盛頓大學畢業之後,泰德開始積極地參與各種政治活動,甚至還因為救助落水兒童而受到嘉獎。

1973 年,泰德和史蒂芬妮再次相遇了,變得成熟而自信的泰德很快又征服了史蒂芬妮,他們似乎重新找回了大學戀愛時的感覺,甚至更加親密。就在兩人激情如火,甚至已經開始考慮結婚的時候,泰德突然斷絕了和史蒂芬妮的一切連繫,就如同幾年前史蒂芬妮所做的一樣。似乎之前的破鏡重圓只是為了報復對方。事實上,在兩人第二次斷絕關係前不久,泰德就已經開始了瘋狂的殺人行為,第一個遇害者正是前文提到的凱西・迪瓦恩。

根據已掌握的證據,警方判斷泰德就是這起連環殺人案的真凶,但沒有任何直接證據可以證明這一點,按照當時的法律根本沒有辦法給他定罪。唯一可以指證泰德的只有從他

第一章 扭曲的靈魂—變態心理犯罪

手中逃脫的卡羅爾‧達羅奇,但是這也僅僅能夠判處他十五年的監禁,並且可以假釋。不願意再次將這個瘋狂的殺人犯放走的警方開始試圖尋找更多的證據來給泰德定罪,因此泰德被暫時羈押在縣監獄中等候判決。

可是,泰德並沒有安心地等待判決,他很快就越獄了。1977年6月,他成功逃離監獄並躲過了最初的搜捕,不過很快就被抓回監獄。或許是吸取了上一次的教訓,同年12月30日,泰德再次越獄,並直到31日下午才被看守發現,在廣泛展開搜捕之前,他已經逃到了佛羅里達州。

沮喪的警方失去了泰德的行蹤,如果他肯安靜找個地方隱姓埋名地生活下來的話,就此躲過警方的追捕也不是沒有可能。但在不久之後,佛羅里達州出現了同樣的連環殺人案,大量的年輕女子在短時間內被殺害,這一現象迅速引起了FBI的注意,他們想到這個人很可能就是越獄的泰德‧邦迪。一個名叫妮娜‧尼瑞（Nita Neary）的女生在公寓裡見到了泰德,以為他是一個小偷,就趕忙叫來了管理員,隨後竟發現自己的兩個室友被殺死在寢室內,並且遭受了性侵犯。

不久之後,泰德‧邦迪再次被捕。他本以為自己依舊可以逃脫制裁,甚至在庭審的時候一度憑藉花言巧語打動了陪審團,但妮娜‧尼瑞的指證及其中一名被害人身上的牙印讓他無所遁逃。最終,泰德承認了自己犯下的二十八起強姦謀

殺案，但根據 FBI 的統計，他至少要為一百起謀殺案負責。在對其宣判時，法官一共宣讀了三項足以判處死刑的罪名。

　　1989 年 1 月 24 日，作惡多端的泰德‧邦迪在佛羅里達被執行死刑。

【犯罪心理分析】

　　誘使人類做出犯罪行為的原因有多種，比較常見的一種就是來自生活中的挫折。不少理論研究者都會產生這樣一個共識：當人類因自己的行為受到阻礙而無法得到預期的獎勵時，他們的言行就會變得激烈而粗暴。在這一點上，人類和動物一樣，不僅會變得極具攻擊性，甚至會做出同樣的反應，比如說瘋狂抓撓或者撕咬等。泰德‧邦迪在旁人看來相貌英俊，生活富足，似乎應該是那種備受上天恩寵的人，但不幸的童年生活注定了他的成長過程會充滿陰影。一名多年以來始終將自己的親生母親誤認為是姐姐的孩子，顯然無法得到多少真正來自家庭的關懷。童年時代的泰德具有懦弱膽小的性格，也充分說明了他的心理是無比自卑的。

　　對於一個少年來說，最大的驚喜莫過於來自偶像的肯定和夢中情人的垂青。在泰德的心目中，史蒂芬妮應該屬於那種高高在上、可望而不可即的類型，但突然在某天發現原來

第一章　扭曲的靈魂—變態心理犯罪

自己一直憧憬的對象也喜歡著自己，那種感覺對於一個從小缺乏或者自己主觀上拒絕了家庭溫暖的人來說，無疑是彌足珍貴的，用心經營好一段感情對泰德來說有著非比尋常的意義。

泰德是個聰明人，從他做事沒有耐性卻依然可以在學業中取得優異的成績就可以看出來。當一個聰明人變得自信起來後他就會覺得自己無比強大，就會產生無窮的創造力。但正當泰德春風得意的時候，他卻發現事情並沒有朝著自己預期的方向發展，史蒂芬妮開始厭倦他了，自己用心經營的一切瞬間成了泡影。

受到重大挫折的人會在一段時間內喪失理智，變得不可理喻。心理學家認為，這一階段中，人們在思考問題時通常會出現一個失誤，那就是基本歸因錯誤。出現這種錯誤的人通常會傾向於自我服務偏見（自利性偏差），也就是說將一切好的、成功的事情歸因於自身的人格特質，將一切不好的、失敗的事情歸因於客觀環境和外部壓力。一旦出現了這種情況，個體最常見的表現就是認為自己遭受了不公平待遇，進而產生報復某個人或者某個群體的想法，會透過某些行為來掩飾或者撫慰自己潛藏的自卑感。

泰德大致就屬於這一類型，一方面他應當是對年輕女孩這一群體充滿仇恨的，在連環謀殺案的被害人當中，絕大多

數女性的年齡都在 10～20 歲之間,最小的甚至只有 12 歲;另一方面,心理扭曲的泰德也正是透過這種屠殺風華正茂的年輕女性的瘋狂行為,來安撫隱藏在自己內心深處的自卑。

第一章　扭曲的靈魂—變態心理犯罪

蓋瑞・利奇威：「綠河殺手」

在變態心理犯罪當中，有一類被稱為反社會人格障礙犯罪。所謂反社會人格障礙，其主要特徵就是必須有持續侵犯他人的行為史，並且個體必須年滿18歲，且在15歲之前就已經出現了某些行為障礙的特徵。據統計，美國大約有3%的男性和1%的女性屬於這一個類人群，而且反社會人格障礙者經常會出現在較低收入的社會群體當中。造成反社會人格障礙的原因也多基於此，長期缺乏足夠經濟能力和行為榜樣的單親家庭中，此類人格形成的機率最高。一般說來，反社會人格障礙者通常會表現出對生命和權威的冷漠與蔑視，並且常常伴隨著早熟現象和性侵犯行為。

雖然此類人群的總量遠遠低於其他犯罪類型，但是他們一旦犯案，無一不是特大案件，所造成的影響和後果也遠超一般犯罪者。

「綠河殺手」被稱作美國歷史上頭號連環殺人案，甚至後來還被拍成同名電影，引發了熱議。該案件當中的被害人數量之多，在全世界刑事犯罪中也是極為罕見的。

該案件的凶手蓋瑞・利奇威（Gary Ridgway）出生於1949年。他的家庭雖然算不上貧窮，但也是一團糟，家庭暴力時

有發生。他的母親是一位盛氣凌人（據蓋瑞‧利奇威的親戚描述）的女人，他的父母經常因為一些小事而爭吵，甚至大打出手。顯然，在這樣的一個家庭當中，年幼的蓋瑞‧利奇威是完全感受不到任何家庭的溫暖與呵護的，而且非常符合缺乏足夠的行為榜樣這一條誘因。在自己的整個童年時代中，蓋瑞‧利奇威唯一能從父母那裡學到的大概就是暴力和傷害了。

然而，雪上加霜的事情發生了。在童年時代，蓋瑞‧利奇威的智商經測試只有82，因此被定義為低智商人群。伴隨低智商存在的是他在學校裡糟糕的表現——人際關係不佳，而且學習成績極差，整個高中階段，他甚至不得不留級兩次才勉強得以畢業。從小受到的各種不良影響使得他的行為開始變得怪異起來，16歲時的蓋瑞‧利奇威曾經不知是何緣故刺傷過一位6歲的小孩。根據被害人的回憶，蓋瑞‧利奇威在刺傷他之後就哈哈大笑著離開了，完全沒有傷到人之後的驚慌失措，並且還念念有詞地說「很想知道殺人是一種什麼樣的感覺」。這已經預示著某種傾向的存在了。

成年之後，蓋瑞‧利奇威的性格在平時倒並不顯得孤僻，但他為人很低調，結婚後一直定居在西雅圖的郊區。1969年高中畢業後不久，他便進入肯沃斯卡車公司擔任夜班油漆工，這份工作他一直做到了被捕之前，這使得蓋瑞‧利

第一章 扭曲的靈魂—變態心理犯罪

奇威看起來很像是一個安分守己的人。被捕之後，警方曾走訪過他的鄰居們。據鄰居們描述，蓋瑞·利奇威是一位性格十分開朗並且很愛說話的人，而且他在說話的時候非常注重細節，從來不與任何人發生矛盾，除此之外並沒有什麼奇特之處。也有一小部分人認為他可能有社交障礙，但是總而言之，鄰居們從來沒有懷疑過，他竟然會是一名瘋狂而殘忍的連環殺人犯。成年之後的蓋瑞·利奇威幾乎從來沒有在旁人面前表現過他的殘暴。

雖然在童年的時候，蓋瑞·利奇威一度被認為是低智商，但是在案發後，卻很難令人把他和低能兒連繫在一起。在四十多位被害人當中，有將近二十人的年齡還不滿18歲，20歲以下的人則占了大多數。

蓋瑞·利奇威在描述自己的作案過程之時，那輕描淡寫的語氣簡直讓人目瞪口呆。他並不會凶神惡煞地對付那些被害人，而是會先盡量讓被害人感到放鬆。他在供述中提到，他會和被害人聊一些非常輕鬆的話題，並且讓被害人感覺到「嗯，這是一個好人」。但是事實上，蓋瑞·利奇威只不過是為了把她們弄到卡車裡，然後殘忍地殺掉而已。如果被害人事先知道蓋瑞·利奇威的目的，一定會覺得他的微笑無異於惡魔的微笑。

蓋瑞·利奇威取得被害人信任的手段其實很簡單：開始

> 蓋瑞‧利奇威：「綠河殺手」

和被害人交談的時候，他會讓她們看自己兒子的照片。顯然大多數人都是會這麼認為的——一名很有父愛的男人肯定不是一個壞人。蓋瑞‧利奇威在被捕之後供認，自己在殺掉被害人之前，都會先與她們發生性關係，在發生性關係之後，他就會趁著她們精神鬆懈的時候從背後用繩子勒死她們。

大部分被害人是在他的家裡、卡車上或是更加隱祕一些的地方被殺害的。為了掩飾罪行，蓋瑞‧利奇威會把別人的菸頭或者口香糖之類的東西扔在案發現場以迷惑警方，甚至曾經把幾位被害人的遺物運到了奧勒岡州，這實在不像是一位低智商之人可以做到的事情。

蓋瑞‧利奇威的作案高峰期是在1982年到1984年之間。他專門謀殺那些搭便車的妓女，並且他會把大部分屍體拋棄在格林河流域的綠河中。他「綠河殺手」的稱號便由此而來。

蓋瑞‧利奇威之所以被稱作變態連環殺人犯，不僅是因為他殺人的數量多，還因為他在被捕之後供認了自己曾經有過姦屍行為。這類屍體最終都被他埋了，而不像其他屍體那樣被隨意地丟棄在河中。蓋瑞‧利奇威自認並不是完全隨機地殺人，而是有著自己的原則：「我想盡可能地多殺死我認為是妓女的女人，過去的一段日子裡，我一直在這樣做。我專門找妓女下手，因為我恨她們，而且我也不想花錢買樂。」同時，他之所以會選擇妓女下手，還有一個更為重要的原因，

第一章　扭曲的靈魂—變態心理犯罪

他認為那會最大限度地降低自己被發現的風險，因為從事那種職業的女人失蹤之後很少會有人去報警。

實際上，蓋瑞‧利奇威的作案對象不僅有妓女，還有很多是吸毒者、離家出走的年輕女孩，以及流落街頭的其他年輕女子。別以為蓋瑞‧利奇威的行為是出於對某種職業群體的瘋狂報復，他只是選擇了那些他認為最為安全的被害人而已。事實也是如此，蓋瑞‧利奇威的罪行直到2001年被殺害者多達五十人的時候才被發現。至於為什麼會殺人，蓋瑞‧利奇威在被捕之後給出的理由不禁讓人毛骨悚然，他在獄中曾經宣稱：「謀殺年輕女人是我的事業。」

2001年，警方終於根據從被害人身上提取的DNA樣本將目標鎖定在蓋瑞‧利奇威身上。除此之外，大部分被害人都有一個共同特點，那就是身上總會有一些微小的油漆斑點，這也和蓋瑞‧利奇威的職業相符合。但是，儘管警方已經將嫌疑人目標鎖定在蓋瑞‧利奇威身上，卻難以找到直接證明他就是凶手的證據。因此，被捕之後的審判過程也相當艱難，畢竟距離大部分被害人的遇害時間已經過去了太久，想要有確鑿的證據來給蓋瑞‧利奇威定罪，實在是一件很不容易的事情。

最後，警方以多宗殺人案件控告蓋瑞‧利奇威一級謀殺罪，但是蓋瑞‧利奇威拒絕認罪，因為他清楚，一旦認罪自

蓋瑞・利奇威：「綠河殺手」

己就會被執行死刑。一方要讓殺人惡魔認罪伏法，而一方的殺人惡魔卻一直試圖脫罪活命，就這樣，一場曠日持久的審判拉開了序幕。警方二十多年來蒐集整理的證據和檔案堆積如山；被害人家屬雖然滿心希望可以得到一個公正的宣判，但是長達十幾年的等待也讓他們的耐心所剩無幾；還有一個更為重要的原因，這場拉鋸戰似的官司使控辯雙方的花銷都已經增至數百萬美元，無論是控方還是被控方都對這筆逐日增加的鉅額消費有些吃不消了。

為了盡快結案，也為了早日找到所有被害人的遺骸，曾經堅決不同意簽訂「認罪協定」的檢察官諾姆・馬倫也不得不放棄了自己的堅持。「認罪協定」當中，蓋瑞・利奇威的罪行依舊是一級謀殺罪，但是量刑卻由死刑改為了終身監禁，這顯然讓蓋瑞・利奇威鬆了一口氣。

2003年11月5日，備受矚目的「綠河連環殺人案」在西雅圖最後一次開庭，蓋瑞・利奇威在法庭上承認了自己殺害四十九名婦女的犯罪事實。而法庭也根據「認罪協定」免除了他的死刑，改判為終身監禁。至此，**轟動一時的美國頭號連環殺人案終於告一段落**。

第一章 扭曲的靈魂—變態心理犯罪

【犯罪心理分析】

連環殺人犯大概是所有常見犯罪中最讓人覺得恐懼和不能理解的一種類型了，在犯罪心理學當中，又被稱為多重謀殺或者系列謀殺。大概沒有多少正常人能夠理解這些可以漫無目的肆意屠殺之人的心理特徵，即便是對於個別數據的分析，也是臆測多於實際推理。在1970年代的美國，連環殺人犯如同井噴般出現。根據美國司法部的調查，在1970年代至80年代之間，至少有三十五名連環殺手活躍於各個地區，而在此之前的很長一段時間之內，有記錄在案的連環殺手只有兩名。

連環殺手其實並不會表現得像典型的暴力罪犯那樣，他們在童年的時候一般不會出現嚴重的暴力傾向，甚至有些人表現出的攻擊力極弱，比一般人還要安靜平和一些。即便是在成年之後，他們也很少會有犯罪紀錄，即便有也多是與暴力犯罪無關的盜竊等罪名。蓋瑞·利奇威在案發之前一直是一位安分守己的油漆工，大概除了他自己之外沒有任何人能夠感受到他內心的波瀾，就連他的妻子也不例外。

作為一位連環殺人犯，蓋瑞·利奇威的案例簡直再典型不過。很多經驗豐富的犯罪學家、心理學家都得出過這樣的結論：系列謀殺犯一般沒有或者只有很少的前科，在開始犯

案之前一般都已經結婚，有穩定的家庭生活，有穩定的工作，常年居住在同一幢房子裡面，沒有犯罪徵兆等等。蓋瑞·利奇威本人具有一定的人格障礙，所以他的殺人理由讓人覺得有些難以理解。他主要的作案目標是妓女或者類似的年輕女人，然而警方的調查結果顯示，妓女或類似群體並沒有給他造成過什麼嚴重的心理傷害。

有些人會把連環殺人犯當偶像來盲目崇拜，事實上這是極為錯誤的，不論這些連環殺人犯的世界觀有多麼扭曲，欺軟怕硬始終是他們難以遮掩的一個共性。根據FBI的案件數據記錄，連環殺人犯選擇作案目標的大體趨勢是不斷選擇更弱勢的群體，比如從1988年的主要集中在年輕女子身上，逐漸演變到1998年的主要選擇16歲以下的未成年兒童下手。為此，FBI的前局長路易斯·弗里赫不得不設立專門的部門來解決兒童綁架和謀殺案件。

還有一點，連環殺人犯選擇目標的時候多半會挑選比較容易接近且不會引起太多人關注的角色，比如妓女就是其中最佳的選擇之一。蓋瑞·利奇威顯然就是出於此種考慮才會向妓女下手，也正因為如此才會使得他的罪行在很長一段時間裡一直沒有被發現。

當然，也有一些連環殺人犯會選擇令人出乎意料的目標作案，比如1974年被捕的一名連環殺手，他的作案對象就集

第一章　扭曲的靈魂—變態心理犯罪

中在獨居的孤寡老人身上,甚至在很長的一段時間內,警方都不認為那是系列作案。但不論如何,連環殺人犯一般不會選擇中產階級以上的人群為目標,因為如果是多名有身分地位的人遭到殺害,一定會更加受到警方和社會的關注。

一項統計數據顯示,1970 年代到 90 年代初期,記錄在案的五十二起連環殺人案當中,有超過三十起發生在美國西部地區,其中以加利福尼亞州最為嚴重,而東北部僅有四起。很顯然,這些連環殺人犯更喜歡選擇治安較差或者不受重視的地方來實施自己的犯罪行為。

喬伊・考特尼：性侵與殺戮

在沒有戶籍制度的美國境內，當你搬到一個陌生的城市之後，你很難清楚知道自己的鄰居都是些什麼樣的人，因為在社區和警察局裡並沒有針對本區域居民的相應紀錄。但只有一類人除外，那就是性犯罪者。起初，性犯罪者也是同樣沒有記錄在案的，不過受轟動一時的「梅根案件」的影響，最終促成了「梅根法案」的誕生。

1994年7月29日，在紐澤西州的漢密爾頓鎮，7歲女孩梅根・康卡（Megan Kanka）在自己家附近玩耍時，鄰居傑西・提門德夸斯（Jesse Timmendequas）邀請她去他家裡看小狗，然後她就再也沒有出現過。幾天後，警察在一個被丟棄在公園裡的木製玩具中發現了小梅根的屍體。

經法醫鑑定，小梅根是在遭受了性侵犯之後被殘忍殺害的。經過一番調查後警方得出結論，傑西・提門德夸斯強姦並殺害了梅根。原來，這個傑西・提門德夸斯是一位剛剛刑滿釋放的性犯罪慣犯，曾經兩度因猥褻兒童而入獄。但是因為美國不存在戶籍制度，所以當地的執法機關很難掌握這些刑滿釋放者的去向。

「梅根案件」震驚了整個紐澤西州，人們強烈要求修改法

第一章　扭曲的靈魂—變態心理犯罪

案來保障自己的安全。當年年底，紐澤西州的州長簽署了美國第一個「梅根法案」，強制要求居住在紐澤西州境內的性犯罪者刑滿釋放後必須向州警局進行報備。1996年5月17日，柯林頓（Bill Clinton）總統簽署了聯邦「梅根法案」，要求刑滿釋放的性犯罪者必須向所居住州的執法機關進行登記，同時，其一切資訊都會在專門的網站上面公布。

如今，在美國的某些州甚至採取了更嚴厲的懲治措施，比如說嚴重的性犯罪者在出獄之後必須佩戴專用的定位手環，一旦其靠近學校等場所就會被立即發現並進行驅逐，如果手環被擅自摘下則會被通緝。

2004年5月24日，在美國奧勒岡州的科瓦利斯，一個名叫布魯克‧威爾伯格的年輕女孩在自己姐姐和姐夫做管理員的公寓裡面做清潔工。她是一名大二的學生，利用暑假的時間出來打工賺取零用錢。

這一天，布魯克的工作是負責清理燈柱上的廣告，而且約好了中午和姐姐一起吃飯。但是到了吃午飯的時間，布魯克卻遲遲沒有在事先約好的地方露面，姐姐史蒂芬妮打了幾次電話，卻一直沒有人接。於是，史蒂芬妮打電話給丈夫，讓他去看看布魯克在幹什麼，為什麼一直不接電話。扎克隨即給布魯克打了幾通電話，同樣沒人接聽。於是他圍著公寓細細地尋找了一圈，最後回到了他們的住處，但是都沒有發

現布魯克的蹤跡。看樣子布魯克也不像是臨時有事出去了，因為扎克發現她的手機和錢包都放在桌子上，沒有被帶走。

為了確認布魯克是否真的不在公寓附近，扎克再次跑向了停車場，在一個燈柱下面他發現了布魯克工作時使用的水桶和清潔劑，還有一雙夾腳拖，其中的一隻看起來像是被撕壞了。聽到扎克的描述後，史蒂芬妮感覺到一絲不安。她覺得布魯克很可能遇到了什麼意外，於是迅速打電話到布魯克可能去的地方一一進行詢問，在反覆尋找無果之後，他們選擇了報警。

警方到達後的第一件事就是確認布魯克是不是自己有事情離開了，但是放在家裡的手機和錢包、沒有放回工作間的水桶和清潔劑，尤其是那只已經被撕壞了的拖鞋，這一切都顯示著布魯克並不是自己離開的，她很可能是遭遇了什麼不測。警方依然懷疑這可能是一場惡作劇，畢竟布魯克只是一個讀大二的孩子，捉弄一下自己的姐姐和姐夫還是很有可能的。但在布魯克的家人看來，她非常體貼懂事，以前從來沒有出現過類似的情況，尤其是在工作期間丟下東西離開更是不可能的。

一切證據都顯示布魯克很可能是遭遇了意外，於是，警方的搜尋行動迅速展開了。除了貼出告示並在電視臺登出廣告之外，剩下的便是開始搜尋目擊證人，四處詢問有誰見到過這樣一個女孩：她穿著藍色的連帽衫和牛仔褲，有著一頭

第一章　扭曲的靈魂─變態心理犯罪

漂亮的金髮，戴著一塊安妮克萊因的手錶，手上還戴著一枚刻著 CTR 三個字母的戒指。越來越多的志工聚集起來，搜尋的主力是附近自發組織起來的大學生，而警方則試圖找到更多其他的線索。

時間漸漸地流逝，警方找到的線索僅有一條，那就是上午 10 點左右曾有人聽見一聲非常刺耳的尖叫從停車場方向傳來，但當他們循聲找過去的時候，卻沒有發現其他異常，停車場裡一片安靜，那聲尖叫就好像一場惡作劇一樣。始終找不到更多有用的線索，就像一群無頭蒼蠅一樣四處胡亂尋找的警方，發現自己正在浪費最佳救援時間。

沒有目擊者，沒有可疑車輛，沒有可疑的人員出入，什麼都沒有，現場僅有一只被撕壞的拖鞋，整個案件顯得毫無頭緒。針對布魯克失蹤一案的各種線索從四面八方湧來，在很短的時間之內就使得警方專門搭建的網站超載，但這其中絕大多數消息都是無用的，甚至是虛假的。但這些都難不倒經驗豐富的 FBI，他們有著強大的情報系統，並且有著強大的資料甄別能力。

很快，兩條線索浮出了水面。在布魯克失蹤的當天早上，據說有一輛綠色的廂型車曾經在奧勒岡州立大學裡面徘徊。一個與司機有過接觸的女生說，當時她走的那條路上基本沒有行人，然後一輛綠色的箱型車擋住了她的去路，司機

下車後希望她能幫忙給指一下路線。但當她發現車後面的一些座位被卸掉時,她覺得非常不安,於是沒有答話,轉身迅速離開了那裡。不久之後,這輛箱型車出現在奧勒岡州立大學附近,車上的司機開始向第二個女生問路,這個女生注意到車牌是明尼蘇達州的。司機希望女生能夠上車為自己指一段路,並聲稱自己迷路了。但是女生瞬間起了疑惑,並迅速撥通了報警電話,司機只好無奈離開。

很快,這輛綠色箱型車進入了警方的視線,但隨著調查的不斷深入,警方卻不得不暫時放棄這一線索,因為目擊者越來越多,這輛可疑車輛的顏色也跟著變化了起來,眾說紛紜,卻沒有一個人記得住車牌號。和司機有過接觸的兩名女子,也因為過度緊張而沒有記住司機的長相及其他一些特徵,這都使得警方對箱型車的調查陷入了困境。

在繼續追蹤箱型車的同時,FBI將主要精力放在搜尋這一區域的可疑人員上面,比如說有過某方面犯罪紀錄的人。根據當時的法律,一些有過前科的罪犯會被記錄在案,並且有詳細的行蹤資料。最先被調查的就是居住在這一範圍內數量眾多的性犯罪者,FBI有關於他們最詳細的資料,甚至比他們自己知道的還要多。

布魯克是一位年輕漂亮的女大學生,如果遭遇不測,警方第一時間就會聯想到關於性的犯罪。很快,一名居住在附

第一章 扭曲的靈魂—變態心理犯罪

近的性犯罪者進入了警方的視線。三天後，警方向媒體發出宣告，他們鎖定了一位犯罪嫌疑人，這個人名叫金桑谷，現年 30 歲，曾經是奧勒岡州立大學遺傳學專業的學生。因為他的檔案資料十分可疑，所以警方有著足夠的理由對他進行懷疑，認為其做出綁架女學生的事情也並不是不可能的。

金桑谷和父母一起居住，社交範圍極為狹窄，尤其是在和女性的相處方面，似乎一直都很糟糕。就在布魯克失蹤的十幾天之前，金桑谷曾經被捕，但隨後又因為證據不足而被釋放，他被捕的原因是有人指控他從奧勒岡州立大學的女生宿舍裡偷走了很多內衣。

金桑谷再次被捕後，警方搜查了他的房間，發現了三千四百多條女性內褲以及數萬張被拷打和強暴的女性照片，還有七支衝鋒槍。最讓人難以理解的是，警方還發現了一些裝在密封袋裡面貼著標籤的棉絮，警方不知道這些棉絮是做什麼用的，但其中的一些棉絮按標籤描述正是來自橡樹公園公寓，也就是布魯克最後出現的地方。

更駭人的是，警方還在金桑谷的電腦中發現了一個文件，裡面記錄著一名女孩從被勒死到被分屍的詳細計畫。即便早已見過很多凶殘的犯罪現場，但這份文件還是讓 FBI 的調查員們直冒冷汗，他們很自然地聯想到這份文件裡面的計畫很可能就是針對布魯克製作的。

就在所有人都幾乎認定金桑谷就是凶手的時候，他卻拿出了自己的不在場證明：布魯克失蹤的那天早上，有證據顯示金桑谷去了120多公里外的商店購買筆記型電腦。沒有證據證明金桑谷就是凶手，他又拿出了有力的不在場證明，這使得警方不得不釋放他，然後再去尋找新的線索。但新的線索一直沒有出現，即便警方再次加大懸賞力度也無濟於事，那輛綠色的箱型車也始終不見蹤影，甚至大家都開始認為這將會變成一件懸案。搜尋隊也停止了搜尋，因為隊伍裡大部分都是自發組織的學生，他們不可能一直這樣搜尋下去。

就在警方一籌莫展的時候，新的線索終於出現了，警方很快鎖定了另一名性犯罪者。

2004年11月29日，在美國新墨西哥州的阿爾伯克基城，這裡距離布魯克失蹤的地方足足有2,250多公里，一位同樣有著一頭漂亮金髮的俄國交換生正走在新墨西哥州立大學附近的一條馬路上，突然，一個男人手持匕首劫持了她，並且命令她坐上了一輛紅色的汽車。上車之後，這名歹徒讓女孩脫掉所有的衣服，把她帶到一座廢棄的停車場後強姦了她。之後，對方又用圍巾綁住了她的手，用內衣塞住她的嘴巴，繼而載著她開車離開。女孩雖然心中充滿了恐懼，卻也無計可施。

萬幸的是，不久之後車子停在了一處公寓前面，或許是

第一章　扭曲的靈魂—變態心理犯罪

認為女孩被綁著無法逃脫，這個男人獨自一人離開車子進入了公寓。女孩趁著這個機會逃了出來，跑到馬路上試圖求助，但是因為赤身裸體，基本上所有的路人都因為怕惹麻煩上身而選擇視而不見。終於，一名開車經過的女士注意到了這個不著片縷的女孩，並把她拉進自己的車裡。

聽女孩用生硬的英語敘述了事情的經過後，這位女士立即撥打了報警電話。驚心動魄的是，在她們撥打報警電話的時候，先前綁架女孩的那輛紅色汽車就從她們旁邊緩緩駛過。

不久之後，警察找到了那輛紅色汽車，並且逮捕了車主，一個自稱喬伊‧考特尼的男子。男子是三個孩子的父親，有明顯的施虐傾向，在調查取證之後，警方以一級強姦罪和綁架罪將其起訴，並且請求法院從重處理。

考特尼有著很長時間的性侵歷史，從自己的姐妹到鄰居，再到朋友以及陌生人。除此之外，他還有很嚴重的家庭暴力傾向，曾因此被自己的兒子打 911 舉報過。阿爾伯克基警局在梳理考特尼的過往犯罪經歷時，一張酒駕拘捕令引起了警方的重視，該拘捕令顯示，此人在布魯克失蹤的當天曾經出現在橡樹公園公寓附近。雖然當時阿爾伯克基警方還不知道在橡樹公園公寓發生過一樁幾乎被定為懸案的失蹤案件，但他們還是覺得有義務確認一下考特尼是否在那裡也犯

喬伊・考特尼：性侵與殺戮

下了綁架案件。於是，在布魯克失蹤將近六個月之後，新的線索終於被送進了科瓦利斯警局，布魯克失蹤案件被重新啟動調查。

此後，FBI找到了新的線索，在布魯克失蹤時，考特尼正在為一家房屋管理公司工作，公司派給他的車就是一輛綠色的箱型車。因為考特尼未經允許就將車子開到了新墨西哥州，所以公司不得不派人把車子追回，然後重新投入使用。這一次為了盡快調查出結果，警方直接將那輛貨車買了下來，但對於能否從中找出證據，很多人都表示懷疑。因為首先那輛車已經被重新使用了很久，其次經常放在車上的都是一些清潔用的化學藥品，留有痕跡的可能性微乎其微。

萬幸的是，不久之後鑑定小組就傳來了好消息，在貨車被拆掉的座椅上發現了考特尼的指紋和DNA，並且在同一位置發現了布魯克的指紋和DNA。最終，警方對考特尼的所有指控都宣告成立，尤其是其中的幾宗強姦殺人案，足以讓法院判其死刑。而隨著喬伊・考特尼的罪行被發現，金桑谷的嫌疑也被徹底洗脫了。

隨後，考特尼交代了自己的犯罪經過。當天，他對好幾位女生進行了搭訕，並試圖邀請她們上車，但都無一例外地被拒絕了。當他找到布魯克的時候卻發現，這個女孩不僅非常熱心地給他指路，而且沒有絲毫的戒備。這一發現令考特

051

第一章　扭曲的靈魂—變態心理犯罪

尼喜出望外，他便趁著周圍沒人把布魯克挾持到車上，將其帶到了遠處的一片樹林當中強姦並殺害。

【犯罪心理分析】

在本案中，考特尼無疑是個性犯罪慣犯。在美國法律中，關於強姦的法律規定極其詳細，甚至到了極為繁複的程度。之所以會用到「繁複」這個詞，是因為美國的法律對於強姦犯罪並沒有造成很好的遏制作用，甚至對於已經發生的強姦犯罪都力有不逮。

美國司法部的數據顯示，在美國被報告的強姦案中被定罪的只有不到 3%，這大多是因為很多強姦犯罪在司法鑑定當中都難以取得足夠的證據。還有就是在這些不到 3% 的被定罪案件當中，犯案者是工人階層的占到了 80% 以上，這當然並不是說白領階層不會犯罪，而是只有很少的白領性犯罪者會被起訴，即便被起訴了，也大多會因為能夠聘得起強大的辯護律師團隊而得以脫罪。對於考特尼來說，如果不是伴隨著謀殺等暴力傷害，或許他也同樣很難被定罪。

事實上，很多強姦犯在法律上雖然是加害者，但是在臨床醫學當中，卻同樣是受害者，姑且稱之為「無法控制自己強烈慾望」的「病態人格」患者，當然也有人認為這是西方文

化中的一種認知偏差所導致的錯誤結論。在法律上，考特尼無疑確定是屬於攻擊型強姦犯，或者是虐待型強姦犯。在犯罪心理學當中，考特尼屬於非常典型的那一類人。

攻擊型強姦犯通常是已婚者，但多半家庭會存在問題，而問題的起源多數是家庭暴力。事實上，考特尼就存在同樣的問題，甚至嚴重到被自己的兒子打電話報警。同時，攻擊型強姦犯還有另一個共同點，那就是在成年之前，或者說成為強姦犯之前，他們已經出現了相應的暴力行為，比如說考特尼長期以來的性侵歷史。很顯然，在本案案發之前，他的諸多性侵行為都由於各種原因被被害人隱瞞了下來，但也正是因此才助長了他進一步的犯罪行為。

大部分攻擊型強姦犯還有一個特點，那就是很容易轉化成謀殺犯。這類罪犯會將被害人的反抗和掙扎視作一場遊戲，就如同玩遊戲打怪一樣，玩家在攻擊的同時也會受到攻擊，但是卻沒有人會因為受到攻擊而停止去玩遊戲。換而言之，在遊戲當中殺死怪物是理所當然的一件事，並不需要系統要求或者規定。對於攻擊型強姦犯來說也是一樣，他們會尋找合適的目標下手，並不會因為目標是陌生人或者熟人而差別對待。這樣的邏輯對於一般人來說或許難以接受，但對於考特尼之類的心理變態的罪犯來說卻極為合理。

第一章　扭曲的靈魂—變態心理犯罪

辛德拉・布魯克案：戀童癖殺手

　　兒童性侵案件的嫌疑人大多數都是男性，尤其是針對女童的性侵案件，但有時候也會有例外。一旦警察在辦案的時候過於遵循常例，就很有可能陷入死胡同。

　　在美國的加利福尼亞州有一個名叫布魯科勒的小鎮。小鎮西部有一家乳牛養殖場，上百頭乳牛愜意地生活在這裡，大量的鮮奶每天從小鎮送往周邊的城市。上百頭乳牛每天不僅會產出大量的鮮奶，同時也會有堆積成山的排泄物，為了處理這些排泄物，養殖場老闆專門在養殖場旁邊挖了一個巨大的池子，用來儲存還沒來得及處理的乳牛糞便以及一些其他的垃圾。

　　2009 年 3 月的一天，養殖場的一名工人照常來到池子邊處理累積的垃圾，他突然發現池子旁扔著一個看起來還算不錯的行李箱。這裡地處偏僻，很少有人會來這裡，所以一個突然出現在這裡的行李箱就顯得有些突兀。雖然感到好奇，但是這名工人還是決定等處理完垃圾之後，再去看看那個箱子裡面到底裝著什麼。

　　做完手裡的工作以後，這名工人找到一把鉤子試圖把行李箱勾出來。池子裡的氣味並不好聞，他猶豫了一下要不要

放棄檢視那只箱子,但是透過鉤子傳來沉甸甸的感覺讓這名工人產生了濃烈的興趣,裡面到底會有什麼呢?費了不小的力氣終於把箱子拉了出來,工人摀著鼻子用鉤子拉開了箱子上的拉鍊,然後掀起了其中一個角,原本的好奇瞬間被驚恐所取代——箱子裡面是一具屍體!

接到工人打來的報警電話後,小鎮警局的警察在十五分鐘之後抵達了現場。他們第一眼看到的就是站在一旁顯得非常慌亂的養殖場工人,離他大概十幾公尺的地方放著一個髒兮兮的行李箱,箱子的拉鍊已經被拉開了一大半。隨行而來的法醫開啟了箱子,呈現在眼前的情形讓早有心理準備的警察們依然感到怵目驚心。

箱子裡面像嬰兒一樣蜷縮著一個大約8、9歲的小女孩,粉紅色的短袖上衣和牛仔短褲顯得有些髒,屍體已經開始腐爛,這說明箱子被扔到這裡已經有一段時間了。警方把屍體帶回了警局,那個養殖場的工人作為第一目擊者同樣被帶了回去,警方試圖從他身上得到更多的線索,但最終發現這名工人確實和案件本身毫無關聯。與此同時,尋找死者身分的公告也被張貼出去,屍檢報告也擺上了案頭。報告顯示,這個小女孩生前被注射過大量的鎮靜劑,身上沒有其他明顯傷痕,不過有著遭受過嚴重性侵害的痕跡,但是法醫並沒有從中提取出其他人的DNA,初步判斷是被人用異物侵犯的。

第一章　扭曲的靈魂—變態心理犯罪

　　第一個找到警方的並不是失蹤孩子的家長，而是FBI。他們在相鄰的小鎮裡接到過一起兒童失蹤案件的協助請求，失蹤的小女孩名叫辛德拉·布魯克，8歲，在鎮上的小學讀二年級，辛德拉失蹤的時候穿的正是粉色的短袖和牛仔短褲。

　　經過鑑定，死亡的孩子正是辛德拉·布魯克。這對於FBI和辛德拉的父母來說無疑是一場噩耗，他們一直希望辛德拉只是被綁架或者走失，萬萬沒想到會在鄰近的小鎮裡發現她的屍體。就在幾天之前，辛德拉在放學回家之後出去找朋友玩耍，她是個非常活潑好動的女孩，幾乎和每個人都能開心地聊起來。辛德拉本該在快要天黑的時候回家，但是這一天傍晚卻遲遲不見蹤影，遍尋無果之後，辛德拉的母親瑪利亞·布魯克選擇了報警。

　　最開始，警方把目標放在了辛德拉的父親身上。因為辛德拉的父母處於離異狀態，並且對於女兒的撫養權一直存在爭議，所以警方懷疑是辛德拉的父親偷偷帶走了她。在經過一番調查排除之後，有目擊者稱辛德拉失蹤的當天，曾經有一輛外地廂型車經過。警方又猜測辛德拉可能是被綁架了，所以向FBI發出了求助。誰料搜尋還沒有正式展開，他們就得到了最壞的消息——鄰鎮的警局貼出公告，他們發現了一名死去的小女孩，大約8、9歲左右，身著粉色上衣和牛仔短褲。

得到新線索的FBI轉移了案件的重心，他們不需要繼續尋找失蹤的小女孩了，但是一定要找到侵犯並殺害小女孩的凶手。根據屍檢結果，他們把第一批嫌疑人目標鎖定在了居住在兩個小鎮裡的性犯罪者身上。在美國，所有的性犯罪者都必須時刻向居住地的執法部門彙報自己的行蹤以及所從事的職業，所以FBI很快就透過檔案搜尋確定了偵查目標。

第一個被警方詢問的是和辛德拉住在同一個小鎮的一名中年男性，因為曾經有人目睹他親吻過辛德拉，所以FBI懷疑他有戀童癖傾向。這名男子的態度讓所有人措手不及，他並沒有刻意掩飾自己，而是非常坦然地承認了目擊者的證詞和警方的猜測：他親吻過辛德拉，並且具有戀童傾向。但在FBI試圖進一步了解其他消息的時候，這個人堅決地否認自己對辛德拉抱有惡意，他聲稱自己並沒有傷害過辛德拉，並且拿出了辛德拉出事當天自己的不在場證明。此外，還有一位每週固定時間會到小鎮上出售冰淇淋的小商販也被警方傳喚問話，因為按照慣例辛德拉出事當天他是不該去小鎮的，但是有目擊者發現他當天出現在了小鎮上。但這兩個人都沒有兒童犯罪記錄在案。

隨後，警方的關注點轉向了一對父子，這對父子有過猥褻兒童的前科，所以FBI把調查的重點放在了他們身上。雖然每個性犯罪者的資料都會在網上進行公示，但是辛德拉的

第一章　扭曲的靈魂—變態心理犯罪

父母似乎並沒有關注過這些資訊，所以他們並沒有阻止辛德拉和這對父子來往，活潑可愛的辛德拉幾乎和小鎮上的每一個人都是朋友。

警方在這對父子的手機裡面發現了一些照片，照片中辛德拉分別坐在兩個人的腿上，令警方警惕的是，照片中辛德拉褲子上的拉鍊幾乎是完全被拉開的，顯而易見這意味著什麼。警方開始尋找更多的證據，比如他們在辛德拉失蹤的那個下午的行蹤，又或者是否有人目擊到他們曾經出現在鄉鎮的乳牛養殖場附近。

這對父子無法拿出令人信服的不在場證明，並且對於和辛德拉的關係也語焉不詳，警方一眼就可以看出他們在隱瞞著什麼。但令人意外的是，這對父子堅決不承認自己殺害了辛德拉，甚至提出可以進行測謊。本來所有人都認為這只是他們的虛張聲勢之舉，但測謊的結果卻出乎所有人的意料，他們順利通過了測謊，也就是說他們沒有殺害辛德拉——這不是撒謊。

儘管這對父子通過了測謊，但作為最有可能的嫌疑人，警方依舊沒有放棄對他們的調查。就在案情陷入僵局的時候，FBI 找到了一些新線索，他們在逐一排查小鎮居民的時候發現了另一位非常可疑的嫌疑人。這個人名叫梅麗莎·艾米，是一名單親媽媽，有一個比辛德拉小兩歲的兒子羅德，

辛德拉‧布魯克案：戀童癖殺手

辛德拉經常會去梅麗莎的家裡找羅德玩耍。

FBI之所以會注意到梅麗莎，是因為她有過犯罪前科，她在之前居住的小鎮上曾經給鄰居家的孩子喝過含有大量鎮靜劑的飲料，雖然因為某些原因沒有被起訴，但是也被迫選擇了搬家，也就是搬到了辛德拉居住的小鎮上。而這也與辛德拉的屍檢報告當中的一點相吻合：辛德拉的體內含有大量的鎮靜劑。

隨後，FBI利用其龐大的資源開始調查，關於梅麗莎‧艾米的更多資料被漸漸挖掘了出來：梅麗莎的丈夫之所以和她離婚就是因為她有戀童癖，並且具有暴虐傾向，她以前居住的地方曾經多次莫名其妙地發生火災，但不知為何在離婚的時候法院會將兒子羅德交給她來撫養。儘管FBI並沒有梅麗莎相關的兒童犯罪紀錄，但她依然具有重大的犯罪嫌疑。

面對警方的詢問，梅麗莎稱辛德拉被害的那個下午自己一直待在教堂裡，並沒有見過辛德拉。但調查員們隨後在梅麗莎祖父的教堂中發現了和綁在行李箱上的一模一樣的繩子，還在教堂的廚房裡發現了一根擀麵棍，上面殘留著一些沒有被洗淨的血跡，鑑定顯示這是屬於辛德拉的。這一點再次和屍檢報告相符合，辛德拉曾經被人用異物侵犯過。

就在警方以為還需要尋找更加有力的證據來證明梅麗莎就是凶手的時候，她卻出乎預料地承認了導致辛德拉死亡並

第一章 扭曲的靈魂—變態心理犯罪

且拋屍的就是自己,但梅麗莎並不是真的打算認罪,而是試圖以另一種方式為自己開脫。梅麗莎說當時辛德拉正在和自己的兒子玩捉迷藏,是辛德拉要求自己把她鎖在行李箱裡面的,但後來因為有事情要忙,這導致她忘記了辛德拉還在行李箱裡面,當她想起來的時候辛德拉已經死了。梅麗莎還聲稱自己給辛德拉做過急救,但是沒有效果,無奈之下才選擇拋屍的。但是,梅麗莎的狡辯中存在著一個巨大的漏洞,即辛德拉曾經受到過嚴重的性侵犯,而其傷痕和在教堂裡找到的擀麵棍十分吻合。

最終,梅麗莎・艾米以性侵兒童、虐待兒童、一級謀殺等多項罪名被起訴,地方法庭判決其終身監禁並不得假釋。

【犯罪心理分析】

在大多數人的印象中,兒童性侵害者(戀童癖罪犯的法律術語)大多是男性,事實上,其中的女性犯罪者同樣不在少數。在被害人不分男女的統計當中,女性犯罪者的比例為13%;如果將被害人限定為男孩,那麼這一比例就會上升到24%;即便將被害人限定為女孩,其中女性犯罪者的比例依舊占到5%左右。

大概是由於主流社會當中對於戀童癖的極端負面態度,

辛德拉・布魯克案：戀童癖殺手

大部分戀童癖患者在案發之後都會想盡辦法推脫責任，試圖將自己的行為歸罪於無法控制的外部力量，比如說喝醉了或者其他原因。但事實上，絕大多數戀童癖患者在犯罪的時候都是能清醒地思考問題的。

針對兒童的性犯罪一般分為幾種情況，其中第一種就是天生的戀童癖，這一類人通常會把兒童看作正常的性生活伴侶，在他們看來，成年人與未成年人之間並沒有區別。第二種是退化型戀童癖，這類人本來具有正常的性觀念，但是在同齡人身上遭受到挫折之後，轉而開始把目標放在未成年人的身上。一般來說，在這類犯罪中被害人最多，且多為女孩，在日本著名懸疑小說《白夜行》中，男主角桐原亮司的父親桐原洋介就屬於這種情況。第三種就是本案中梅麗莎・艾米所屬的類型，有專家稱之為攻擊型或者虐待型戀童癖。

攻擊型戀童癖通常有著反社會傾向，比方說案件當中提到梅麗莎居住的地方曾經多次莫名其妙地發生火災。雖然沒有直接證據，但基本上梅麗莎在哪裡生活，哪裡就會出現莫名其妙的火災，這基本可以確定她本人就是縱火者，習慣性縱火也是反社會傾向的一種。其次，攻擊型戀童癖大多偏好同性兒童，即同性戀童癖，這也是梅麗莎的兒子沒有遇害，反而是辛德拉遇害的原因之一。

攻擊型戀童癖通常不關心對方是否受到傷害，而是僅僅

第一章　扭曲的靈魂—變態心理犯罪

想要獲得刺激，因此會經常使用一些殘忍的手段來傷害被害人。通常被害人受到的傷害越大，罪犯就會越感到興奮和刺激，梅麗莎就屬於這種類型。

20世紀初，美國有一個被稱作「狼人」的變態殺人狂亞伯特・費雪（Albert Fish）。他曾承認自己性侵害了超過四百名兒童，其中可以確定的至少有六宗兒童謀殺案，手段極其殘忍，這就是一個典型的攻擊型戀童癖罪犯。

雖然這類戀童癖最危險，但事實上這種類型的罪犯數量極少。就因為數量極少，他們才成為媒體最樂於報導的類型，所以反倒成了大部分人印象中的兒童性犯罪者的典型形象。事實上，兒童性犯罪者所包含的犯罪行為極為廣泛，比如在美國的法律當中，即便是觸碰等行為也有可能構成兒童性犯罪。曾經就有一個華裔父親因為給12歲的女兒洗澡而被強制剝奪了撫養權。

第二章
迷失的少年 —— 未成年人犯罪

　　未成年人犯罪多發於 11 歲到 18 歲之間。在這一年齡階段，他們從兒童期逐漸轉向青少年時期，生理發育的速度達到了高峰期，比如說個子長得更快，身體也變得更加強壯，於是也就有了做出犯罪行為的基礎。但與此同時，其心理發育的速度卻很容易因為教育或社會環境的影響而滯後，甚至可以說，未成年人在這一階段的生理和心理發育本來就是不同步的。

第二章　迷失的少年—未成年人犯罪

引子：未成年人與犯罪

在全世界大部分國家和地區，未成年人都是一個極為特殊的社會群體。他們關係到人類的未來，並且整體來說都屬於弱勢群體，因此法律會偏向性地為其提供一些保護措施。但是，弱勢群體並非不會做出犯罪行為，因此對於未成年人犯罪的預防和處罰也一直是一個值得思考和研究的話題。

遺憾的是，媒體在有關未成年人犯罪的報導中總是偏重於犯罪者的年齡問題和所犯罪行的嚴重性，使得未成年人犯罪的危害言過其實不說，還呈現出一種極為混亂的狀態。事實上，未成年人犯罪並不是無跡可尋的，我們有理由在早期給予其特殊的關注和正確的引導，然後我們就會發現，未成年人犯罪其實並不像媒體報導的那樣駭人聽聞。

所謂未成年人犯罪，顧名思義，就是指未成年人做出的犯罪行為。雖然社會和法律對於未成年人的態度要寬容很多，但未成年人犯罪始終是一個不容忽視的話題，甚至有愈演愈烈的傾向。暴力、色情等本應和未成年人毫無關聯的詞語，在各大入口網站上卻幾乎成了人們關注未成年人的主要緣由之一。

相較於其他類型的犯罪而言，未成年人犯罪才是更急待

引子：未成年人與犯罪

解決的社會問題。想要解決和預防未成年人犯罪問題，首先要了解為什麼未成年人犯罪會愈演愈烈。網上有人調侃：「未成年人是最具危險性的群體之一，因為他們有好奇心、行動力、破壞力以及《少年事件處理法》。」這並不只是一句戲言，它還有更深層次的思考在裡面。

未成年人犯罪多發於 11 歲到 18 歲之間。在這一年齡階段，他們從兒童期逐漸轉向青少年時期，生理發育的速度達到了高峰期，比如說個子長得更快，身體也變得更加強壯，於是也就有了做出犯罪行為的基礎。但與此同時，其心理發育的速度卻很容易因為教育或社會環境的影響而滯後，甚至可以說，未成年人在這一階段的生理和心理發育本來就是不同步的。心理發育的滯後使得未成年人的精神狀態處於一種非常不穩定的階段，他們由於世界觀正處於形成階段，所以很容易受到外界的影響。青少年的心理特徵具體可以展現在以下三個方面：

首先是感情充沛而理智不足。這一階段的未成年人有能力主動去接觸大量的新鮮事物，這些新鮮事物會不停地衝擊他們的心理。但是由於沒有足夠的約束力，他們的感情極易被新鮮事物左右，從而形成各種極端情緒，這些情緒又反過來會影響未成年人對於事物的正確認知，於是他們很容易形成各種偏激的觀念，從而導致犯罪行為的發生。

第二章　迷失的少年─未成年人犯罪

　　其次是意志較為薄弱。堅強的意志力需要長期的培養才能形成，在這方面沒有捷徑。一般來說，未成年人的意志力都較為薄弱。而一個人控制自己行為的關鍵恰恰就是意志力，因此未成年人想要自控顯然會更加困難。另外，未成年人一般都是興趣廣泛而無重心，理想很多卻不成熟，所以經常在正確與錯誤的邊界飄忽不定，薄弱的意志力使得他們很容易做出越軌的行為。比如當成年人想要一件東西的時候，意志力會很容易抑制自己立即得到的心理，告誡自己透過合法的途徑獲得自己想要的東西；但對於未成年人來說，他們沒有足夠的意志力來控制自己的慾望，所以在遵從合法途徑無法使自己獲得滿足的情況下很容易就會做出犯罪行為。

　　再者，獨立意識增強但缺乏社會能力。未成年人在青少年階段不論是生理還是心理都在逐漸走向成熟，與此同時，他們的獨立意識也在不斷增強。因此，他們會像成年人一樣，對身邊的事物開始做出思考和判斷，並且強烈要求根據自己的判斷來決定自己的行為。但是，由於社會經驗不足，他們對事物難以形成全面的了解，並且不具備獨立辨別事物真偽的能力，所以很容易產生錯誤的判斷，而這些錯誤的判斷極有可能令他們走向歧途，陷入人生的失誤。

　　隨著生理的發育，未成年人的精力也顯得極為充沛，但由於沒有充足的支配能力，這很容易使得他們把大量精力消

> 引子：未成年人與犯罪

耗在不正確的事情上，例如大量閱讀宣揚暴力或者色情的書刊、電影，又或者是沉迷於網路遊戲等等。再比如說，未成年人有了足夠的能力去採取行動來滿足自己的好奇心，其中最吸引人的莫過於成年人世界的諸多祕密了，這很容易形成「禁果效應」，就是說越被禁止的事情就越會引起他們的興趣。

減少未成年人犯罪最關鍵的環節在於引導與監督。美國FBI犯罪的統計數據顯示：在嚴重的未成年人犯罪當中，僅有15%左右能夠及時被警方察覺，即便是這被察覺的15%，在移送司法機關審判後，其重複犯罪的機率依然很高。未成年人的確需要保護，但這種保護必須建立在約束和引導的基礎之上，否則就是保護過度，在保護了其合法權益的同時也成了滋生未成年人犯罪的土壤。

第二章 迷失的少年─未成年人犯罪

騙了整個國家的 15 歲少年

在由真實故事改編的好萊塢電影《神鬼交鋒》中，李奧納多（Leonardo DiCaprio）熟練地運用各種騙術，成功冒充了美國的上層人士，並且騙得鉅額財富，卻終因永無止境的貪慾而鋃鐺入獄。現實生活中發生的事情或許不如故事敘述得那樣精彩，但就其傳奇的色彩來說，卻要更勝一籌。有句俗話叫「長江後浪推前浪」，現在的騙子在行騙方面的確一點都不遜色於同行前輩，甚至由於現代社會中科技發展的某些弊端和漏洞的存在，這令某些傳奇的詐騙犯做出了更為驚人的事情。

2014 年，《紐約時報》報導了一個讓無數讀者「驚為天人」的西班牙少年，這個幾乎沒有任何背景的少年透過各種手段，神不知鬼不覺地成為西班牙上層社會的座上賓，甚至還參加了西班牙國王登基大典。這個神奇的騙子名叫弗朗西斯科・尼古拉斯・戈麥斯・伊格萊西亞斯（Francisco Nicolás Gómez Iglesias），是西班牙金融研究學院的一名大學生。本來，他的行騙生涯一直順風順水，甚至從某種程度上來說，戈麥斯・伊格萊西亞斯已經成了「名副其實」的上層人士。但是，他在試圖參加一次由美國大使館舉辦的酒會時，卻因為

身分遭到懷疑而被斷然拒絕；與此同時，他和西班牙皇室的一些交涉也引起了官方的懷疑。於是，後知後覺的西班牙警方終於對戈麥斯·伊格萊西亞斯展開了調查，此後，一個滑稽可笑的事實漸漸浮出水面。

2009 年，15 歲的戈麥斯·伊格萊西亞斯受家人引薦，加入了西班牙人民黨旗下的一個重要的政治團體——社會分析及研究基金會，簡稱 FAES。因為從小接受的家庭教育，精通人情世故的戈麥斯·伊格萊西亞斯開始了一系列與自己年齡不符的行動。

戈麥斯·伊格萊西亞斯首先借助 FAES 建立自己的人脈，並且積極地參與人民黨的各種集會。雖然他並不是黨員，卻因為經常出席各種集會，已經成了黨員們眼中的熟面孔，漸漸累積起了一些威望。於是，他藉機拉大旗作虎皮，組織了西班牙人民黨有史以來規模最大的一屆 18 歲以下青年黨員的集會。事實上，這次集會本身並沒有什麼意義，戈麥斯·伊格萊西亞斯也沒有試圖表達些什麼，只是把這次集會展現出的召集力當作自己的政治資本。

集會過後，戈麥斯·伊格萊西亞斯利用這一成績向人民黨總部提出了申請，要成立以他為主席的全國青年黨員代表大會。一旦申請成功，他就會由一個普通人一躍成為小有影響力的政治人物。不過，大概人民黨總部也對這個陌生的名

第二章 迷失的少年─未成年人犯罪

字和冒昧的提議感到莫名其妙，所以毫無商量餘地拒絕了戈麥斯‧伊格萊西亞斯的提議。

雖然一步登天的計畫沒有得逞，但戈麥斯‧伊格萊西亞斯依舊得到了可以繼續狐假虎威的利器。在集會時他得到了一張與政界要員西班牙前首相、人民黨終身榮譽主席阿茲納（José María Aznar）的合影，這張照片就成了他在某些場合取信於人的工具。事實上，在那樣的場合裡，一個看起來頗有能力的年輕人去尋找阿茲納請求合影，一般是不會被拒絕的，儘管阿茲納本人並不是很清楚這個前來找自己合影的孩子究竟是什麼人。

也正是出於這個原因，一些自稱「大師」的騙子們總是喜歡到處炫耀自己和一些名人的合照，明明沒有什麼意義的合照總是會被他們當作自己的資本。正如某位前電視臺主持人，總是喜歡把與他出現在同一個鏡頭裡的各國政要稱為「我的朋友們」，事實上照片中的那些名人甚至都不會記得自己曾有過這麼一次合影。

戈麥斯‧伊格萊西亞斯的「虎皮」可不只這一張，他在FAES中還結識了另一個至關重要的人物──經濟學家加西亞‧勒加斯。加西亞‧勒加斯曾經擔任過首相辦公廳的事務處主任，從2007年開始擔任FAES的祕書長，2011年12月更是同時接任西班牙政府的貿易國務祕書。擔任國務祕書後

的加西亞・勒加斯影響力驟增。於是，與之有過一面之緣的戈麥斯・伊格萊西亞斯開始自稱是加西亞・勒加斯的學生。此後，這位「便宜導師」的威望就成了戈麥斯・伊格萊西亞斯與其他國家政要建立關係的敲門磚。

第一張「虎皮」可以讓戈麥斯・伊格萊西亞斯在人民黨內部經營自己的威望，而第二張「虎皮」則可以讓他尋找更多的偽裝。2012年以後，戈麥斯・伊格萊西亞斯開始絞盡腦汁，想要盡可能地和更多的政要或富商會面、合影，這些經歷和照片都將成為他將來行騙的資本。想想某些曾經紅極一時的「氣功大師」等人，是不是每人都有厚厚的幾大本名人合影？

不過，戈麥斯・伊格萊西亞斯並不滿足於此。他甚至會尋找一些藉口拿到對方的手機，然後偷偷記錄對方手機當中重要人物的連繫方式，接下來再扯著虎皮和這些人搭上關係，抑或把這些號碼存在自己的手機裡以取信別人。人們往往對此信以為真，畢竟一個普通人的手機通訊錄中是肯定不會有某部長或者某祕書長的連繫方式的。

在累積起一定的「資歷」之後，戈麥斯・伊格萊西亞斯就開始以政府顧問的身分頻繁出入於一些非政府組織，光顧經常會有富豪們出入的場所，如伯納烏球場的 VIP 專座等，在這裡可以接觸到更多有錢人和社會名流。除此之外，他還盡可能地參加每一次各種商界政界的會議、酒會、談判。

第二章 迷失的少年—未成年人犯罪

於是,一個莫名其妙但又被人們習以為常的現象出現了:人們總能看到在一些政商會議中,一位年輕人非常突兀地坐在幾乎全是中老年人的會議現場。與此同時,戈麥斯·伊格萊西亞斯的合影層次也在不斷更新,其合影對象中就包括西班牙政府多個部門的國務祕書以及一些真正的豪門鉅富。

儘管只有一些照片存在,但戈麥斯·伊格萊西亞斯還真的就憑藉這些成了西班牙上層社會中的一個名人。雖然沒有人能夠確切地說出他的具體身分,但只要知道他認識很多名流,並且可以解決很多問題這就已經足夠了。商人們需要的就是解決問題,而不是知道戈麥斯·伊格萊西亞斯這個人到底是誰。同時,為了加強自己的可信度,戈麥斯·伊格萊西亞斯還會故意偽造一些自己犯罪後逃脫責罰的證據。

就這樣,戈麥斯·伊格萊西亞斯還真的促成了一筆筆權錢交易,並且從中收取了一定的佣金。在戈麥斯·伊格萊西亞斯的騙局敗露之後,從法庭中流出的一份資料顯示,某位地產商人為了謀求「土地交易便利」曾提供給戈麥斯·伊格萊西亞斯至少 25,000 歐元。不僅如此,他的虎皮也越扯越大,他開始吹噓自己和普丁是密友,甚至可以憑私人身分連繫到歐巴馬。

僅僅有這些還是不夠,雖然戈麥斯·伊格萊西亞斯到處吹噓自己和普丁及歐巴馬的關係,但事實上他根本連繫不上

人家。於是，戈麥斯‧伊格萊西亞斯開始準備自己的第三張虎皮——與西班牙皇室取得連繫，一旦成功，他就可以假借皇室的名義去連繫更多的人。

很快，他找到了接觸皇室的機會。克莉絲蒂娜（Infanta Cristina）公主因為一些原因遭到了起訴，於是，戈麥斯‧伊格萊西亞斯就開始假冒所謂的皇室代表，以調解這次訴訟的名義開始和負責這起訴訟的檢察官伯納德接觸。因為戈麥斯‧伊格萊西亞斯租借了豪車並且僱用了規格很高的保鑣隊伍，所以，伯納德檢察官竟然絲毫沒有懷疑他的身分。然後，戈麥斯‧伊格萊西亞斯又開始以新的身分，假借可以調解這次訴訟的名義去接觸皇室，不過效果並不盡如人意。

2014 年 6 月，西班牙前國王卡洛斯一世（Juan Carlos I）退位，新國王菲利佩六世（Felipe VI）登基。戈麥斯‧伊格萊西亞斯如願以其中一名嘉賓的同伴身分成功出席了這次只有兩千人參加的登基典禮。當然，還有他一貫的做法——與新國王握手併合影。

按照戈麥斯‧伊格萊西亞斯的計畫，下一步大概就是盡可能地去接觸皇室了。可惜美國大使館酒會一事以及皇室對他的不信任，使得他身分敗露，戈麥斯‧伊格萊西亞斯之前假借各種名義進行的活動也被一一揭露，他將面臨法庭的起訴。

第二章　迷失的少年─未成年人犯罪

戈麥斯・伊格萊西亞斯被捕一事在西班牙引起了軒然大波，民眾一片譁然。一名年僅20歲的大學生竟然堂而皇之地出現在上層社會裡，偽造各種身分出席諸多活動。最諷刺的是，整個上流社會竟然沒有一絲警覺，這可以說是整個西班牙上層社會的醜聞了，更何況這個學生還以政府顧問的身分促成了一次次的權錢交易。為了讓自己在這起醜聞中置身事外，凡是和戈麥斯・伊格萊西亞斯有過交集的政要名流們都紛紛與之撇清關係，包括西班牙皇室以及他的「便宜導師」加西亞・勒加斯。

儘管如此，負責審理戈麥斯・伊格萊西亞斯案件的法官還是坦言：「很難理解，一位年僅十幾歲的少年，僅僅憑藉語言和一些照片就可以出席各種重要的政治場合，甚至還坐在主要席位上。」而在戈麥斯・伊格萊西亞斯遭到起訴後，他母親的反應更是讓人難以理解，她堅稱自己的兒子是受到了某種陷害和迫害。

關於戈麥斯・伊格萊西亞斯的具體案情，在其被捕後關注的人就大大減少了，但人們對於整個西班牙上層社會以及戈麥斯・伊格萊西亞斯本人的調侃依舊層出不窮。在之後的很長一段時間內，開啟戈麥斯・伊格萊西亞斯的臉書主頁，不僅能看到他與政商要員的合影，還可以看見網友透過PS等軟體為戈麥斯・伊格萊西亞斯量身打造的各種新合影，比如將戈麥斯・伊格萊西亞斯放入希特勒的歷史照片中等等。

【犯罪心理分析】

戈麥斯・伊格萊西亞斯的行為看似精明，事實上卻可以歸因於精神病態心理。在 FBI 的犯罪檔案中，還有一個與之類似的案例，甚至還要技高一籌。

該案的主犯名叫費迪南德・瓦爾多・德馬拉（Ferdinand Waldo Demara），是一名不斷變換身分並且樂於接受高等教育的超級騙子。他曾利用假身分進入美國海軍服役，並且數次執行重要任務。在一次等待執行任務時，德馬拉突然感覺自己的假身分可能要被揭穿，於是自導自演了一次「自殺事件」，順利地騙過了海軍方面，使他們真的以為一名海軍士兵因為某些原因「自殺」了。

詐死之後的德馬拉不知透過什麼手段，竟然得到了一個名叫弗倫奇的哈佛心理學博士的身分證明，透過短暫的自學之後，就搖身一變成了加拿大一所大學的哲學系主任，甚至親自教授了多門心理學課程。事實上，在成為「弗倫奇」之前，德馬拉本人並沒有過任何學習心理學的經歷。

接下來更加離譜的事情發生了，在擔任哲學系主任的時候，德馬拉和一個名叫約瑟夫・西爾（Joseph C. Cyr）的內科醫生成了好朋友，在兩人的交往過程中德馬拉學到了一些基礎的醫學知識，並且伺機得到了約瑟夫・西爾的相關個人證

第二章 迷失的少年—未成年人犯罪

明。不久之後,或許是大學教授的身分讓他開始覺得枯燥無味了,所以德馬拉又搖身一變成了「約瑟夫‧西爾」醫生,借用從真正的約瑟夫‧西爾醫生那裡得到的身分證明,成功地成為加拿大皇家海軍的一名軍醫,並且在此期間自學了大量的醫學知識。

後來,朝鮮戰爭爆發,已經成為約瑟夫‧西爾醫生的德馬拉被委派到一艘艦艇上擔任緊急治療醫生。隨後,三名重傷垂危的病人被送到德馬拉所在的艦艇上。於是,從來沒有參與過甚至都沒見過外科手術的德馬拉透過簡單的書本學習之後連夜開始手術。讓所有人跌破眼鏡的是,毫無手術經驗的他竟然順利地完成了手術,並且趁熱打鐵給另外十幾名病人進行了治療。

這次醫療事蹟迅速成為當地的熱門新聞,一個名叫「約瑟夫‧西爾」的醫生憑藉自己高超的醫術挽救了三名重傷垂危的士兵的性命。德馬拉在艦艇上的事蹟及照片被大篇幅地刊登在報紙上,而他的真實身分也由此被發現。真正的約瑟夫‧西爾醫生看到新聞之後揭發了德馬拉,加拿大海軍在調查的時候才發現,約瑟夫‧西爾醫生所提供的弗倫奇的身分資料竟然也不是德馬拉的真實身分,由此他的經歷被一挖到底,現了原形。

和戈麥斯‧伊格萊西亞斯的結局不同,加拿大皇家海軍

為了避免尷尬,並沒有追究德馬拉的冒名行為。事實上,在那時候盜用身分也不是什麼太大的罪名。

很多精神病態者都有暴力犯罪的前科,但這並不代表所有的精神病態者都會進行暴力犯罪行為。德馬拉和本案中的戈麥斯‧伊格萊西亞斯就是其中的一些特例,他們所鍾情的是不斷利用虛假的身分資料來達成自己的目的。當然二者的目標也有所不同,戈麥斯‧伊格萊西亞斯更多是為了獲取名利,德馬拉則更像是一個不斷追尋新鮮刺激的瘋子。

第二章　迷失的少年—未成年人犯罪

被判終身監禁的 12 歲少年

　　1999 年 7 月 28 日晚 10 點 30 分左右，羅德岱堡郊區警局接到了一通報警電話。電話那頭的語氣非常急促，一個自稱凱薩琳・葛瑟泰特的女人告訴警察，借住在自己家中的 6 歲女童在劇烈的嘔吐之後停止了呼吸。「沒有呼吸、沒有脈搏、渾身冰冷」，這是當時凱薩琳告訴接線員的情況。接線員在簡要地詢問了幾個問題後，便一邊指導凱薩琳給小女孩進行心肺復甦，一邊迅速打電話給醫院請求派出救護車。幾分鐘後救護車到達，雖然此時的小女孩已經沒有了生命跡象，但救護車還是以最快的速度將她送往醫院。結局非常遺憾，當晚 11 點左右，小女孩在醫院中被宣布死亡。

　　此後，當時正好在警局值班的副警長和探員們一起前往凱薩琳的家中了解情況。凱薩琳家裡只有她和兒子萊諾，死亡的女童名叫蒂芬妮・尤尼克，是凱薩琳好友的女兒。凱薩琳告訴警方，她在晚上 7 點的時候給萊諾和蒂芬妮準備了晚餐，之後便上樓睡覺了，只剩下萊諾和蒂芬妮兩個人在客廳裡玩耍，平常也都是這樣的。

　　萊諾的證詞也很簡單，他說蒂芬妮在吃完飯之後就一直喊著肚子疼，然後趴在了地上，當他再次注意到蒂芬妮的時

候，她似乎已經沒有了呼吸。有些驚慌的他迅速跑上樓告訴了自己的母親，而凱薩琳在知道了事情後也立刻撥打了報警電話。

探員們聽取了兩人的證詞後得出了結論：蒂芬妮的死亡應該是一場意外。根據凱薩琳母子的描述，蒂芬妮更像是被噎死的。從現場看，也沒有任何他殺的跡象。但這只是探員們初步的判斷，詳細情況還要等待驗屍官的報告，不過探員們心中似乎都已經認同那應該只是一場意外。

然而在蒂芬妮死亡的第二天，也就是 7 月 29 日，一份驗屍報告卻讓參與案件調查的探員們大為震驚，事情似乎並不像他們想像得那麼簡單。這個體重僅有 21 公斤的小女孩全身上下竟然有包括腦出血、腦顱破裂、肋骨斷裂以及肝臟撕裂等三十五處傷痕。這顯然不是一般的意外受傷，只有故意傷害一種可能性。根據驗屍結果，蒂芬妮的死因被判定為謀殺，案件的性質迅速發生轉變。警方最初的懷疑對象是凱薩琳，探員們覺得她可能隱瞞了什麼可怕的事實。

為了查明真相，警方在拿到驗屍報告後再次前往凱薩琳的家中進行調查，卻發現那裡空無一人。最後，他們在凱薩琳的親戚家裡找到了萊諾。因為佛羅里達州的法律並未禁止警方在沒有監護人在場的情況下詢問未成年人，所以萊諾被立即帶回了警局。

第二章　迷失的少年—未成年人犯罪

　　很快，警方便發現了第一條線索，在警方詢問當晚萊諾和蒂芬妮在幹什麼的時候，萊諾回答自己在和蒂芬妮玩抓賊遊戲。這樣一來，蒂芬妮身上的傷痕似乎找到了來源。因為萊諾雖然僅有 12 歲，但體重已經超過了 77 公斤，他完全有能力造成蒂芬妮身上的全部傷痕。

　　在更細緻地詢問後，警方大致還原了蒂芬妮受傷的過程：在他們玩遊戲的時候，萊諾會撲上去抱住蒂芬妮，整個過程中曾多次發生碰撞，然後，蒂芬妮突然捂著肋部去浴室嘔吐，吐完之後就變得非常沒有精神。「我感覺她非常疲憊，甚至在躺下的時候頭都沒有枕在枕頭上面。」萊諾這樣告訴警方，他看到蒂芬妮沒有枕到枕頭，所以便想扶她躺好，這期間不小心令蒂芬妮的頭部撞到了床邊的桌子上。之後蒂芬妮曾經大聲喊叫，吵醒了正在睡覺的凱薩琳，凱薩琳便要求萊諾讓蒂芬妮安靜一些。

　　這份口供讓探員們感到非常吃驚。首先可以確定蒂芬妮身上的傷痕來自萊諾，而且萊諾正在極力讓自己對傷害蒂芬妮的過程表現得無足輕重。在警方審訊完萊諾之後，凱薩琳出現在警局。她說自己在睡覺的時候聽見了蒂芬妮的叫喊，但下樓詢問時，萊諾卻說蒂芬妮只是在亂喊亂叫，隱瞞了蒂芬妮受傷的事實。這時候警方基本可以判斷，萊諾是在刻意毆打蒂芬妮，然後為了逃避責罰，沒有把這一事實告訴自己的母親。

根據驗屍官的判斷，蒂芬妮從開始被毆打到死亡需要很長一段時間，這期間蒂芬妮不可能感受不到痛苦，而萊諾也不可能看不出蒂芬妮的痛苦，這顯然是一起故意謀殺案件。於是，警方以殺害蒂芬妮・尤尼克的罪名逮捕了萊諾，此後才是案件真正的開始。

　　聞訊而來的媒體開始爭相報導這一案件，社會各界都在議論紛紛。沒有人能夠理解一個從未有過違法行為的 12 歲男孩怎麼會犯下如此殘忍的謀殺罪。一名記者在經過大量的走訪之後給出了這樣的結論：他並不是一個暴力型少年犯，沒有任何犯罪前科。這樣的結果很難令人們信服，他們總覺得是哪裡出了問題。探員們為了弄清楚這起悲劇發生的原因，開始詳細調查萊諾・泰特的背景。

　　一名 12 歲的男孩將一個 6 歲的女孩毆打致死，這樣的新聞迅速霸占了各大報紙的頭條，一位名叫劉易斯的律師受委託為萊諾辯護。萊諾承認了自己在和蒂芬妮進行玩耍的時候有過碰撞，卻拒絕向警方透露更加詳細的過程。劉易斯在了解了案件的全部情況後，說出了自己的看法：他不認為萊諾謀殺了蒂芬妮，他覺得蒂芬妮身上的傷痕是萊諾無意中造成的，畢竟他只是一個年僅 12 歲的孩子，並不知道自己的力氣有多大，會給蒂芬妮造成多大的傷害。

　　但是警方並不認同這樣的說法，他們認為蒂芬妮所受的

第二章 迷失的少年—未成年人犯罪

傷屬於嚴重毆打，並不是無意中的碰撞可以造成的，並指出萊諾應該在成人法庭裡受審。因為在佛羅里達州的少年法庭中，最多只能判處萊諾在青少年拘留所服刑六個月。警方認為蒂芬妮的生命不應該只值六個月的刑期，顯然他們無法容忍一個把年僅6歲的小女孩殘忍毆打致死的人輕而易舉地逃脫懲罰，即便他也只有12歲。

接下來，問題的重點來了，對於一個年僅12歲的少年，究竟該以什麼樣的罪名對其提起訴訟呢？為此陪審團進行了激烈的討論。大批記者圍在法庭外面，他們急切地想知道陪審團會做出什麼樣的決定。幾個小時後，檢察官走出法庭，宣布了一個令人震驚的消息：陪審團決定對被告萊諾・泰特以一級謀殺罪提起訴訟。在美國的法律當中，正常情況下一級謀殺罪已經是最嚴重的指控了，一旦罪名成立，那麼萊諾・泰勒將會被判處終身監禁。

記者們都感到分外吃驚，原本是想要知道萊諾究竟會在少年法庭接受審判還是在成人法庭接受審判，誰知陪審團竟然做出了最為嚴厲的決定。面對人們的質疑，陪審團表示他們只是就事論事，雖然可以用二級謀殺或者其他較輕的罪名起訴，但是他們沒有那麼做，顯然這個12歲男孩所做的事情讓他們覺得不應該因為年齡而寬恕他。

一時間，關於萊諾・泰特的行為能否構成謀殺罪的討論

成為各大媒體關注的焦點。萊諾為什麼會做出這樣的事同樣成了人們討論的熱點，於是，關於萊諾‧泰特的一些資訊開始呈現在公眾面前。

萊諾‧泰特於1987年1月出生於伊利諾伊州海軍基地。他的父母曾經都是軍人，兩人在萊諾一歲的時候離婚，此後，母親凱薩琳‧葛瑟泰特成為他的主要監護人。由於凱薩琳工作繁忙，萊諾被長時間地交給親戚們照顧。於是人們開始推斷，正是由於和母親長時間的分離使得萊諾的心理產生了創傷。萊諾的老師也認為萊諾十分渴望得到人們的關注，為此他會過度地裝瘋賣傻，從來不肯控制尺度，也不懂得適可而止，也正是因此才會闖下大禍。

根據警方的調查，1990年年初，凱薩琳帶領萊諾在羅德岱堡定居。此時的萊諾已經開始表現出破壞性行為的早期跡象：他會經常性地挑釁同學，然後偷走他們的玩具。

1996年，凱薩琳準備參加佛羅里達州公路巡警的考試，為了有充足的時間應付考試，萊諾被送去密西西比州的親戚家暫住，這次的借住足足持續了一年。回來之後，萊諾發生了很大的變化，他的體格要比同齡人魁梧很多，學校的老師們說，萊諾經常會依仗自己的體格去欺負同學。萊諾倒不會讓老師和家長發現自己的行為，而總是暗中挑釁同學，直到很多同學都不願意和萊諾坐在一起時，老師才有所察覺。

第二章　迷失的少年—未成年人犯罪

　　每當萊諾在班上惹了禍後，他都會告訴老師是別人在陷害他，而凱薩琳對自己的兒子無比信任，每當老師提起萊諾在學校的行為時，她總認為不是自己兒子的錯。不僅如此，凱薩琳只會跑到學校抗議老師們對萊諾的管教，有時還會直接穿著巡警制服、腰上掛著槍過去，和老師們爭論。她從來不認為自己的兒子有錯，而是堅決地要找出那個「應當」承擔錯誤的人，這個人絕對不可能是她的兒子。一些老師對此苦不堪言，甚至已經預料到萊諾將來一定會闖禍。就這樣，萊諾成了一個在學校裡極度不受歡迎的人。

　　就在這時候，凱薩琳和自己的老朋友德維西・尤尼克重新取得了連繫。德維西有個6歲的女兒蒂芬妮，兩人開始輪流照顧兩個孩子。1999年7月28日，凱薩琳從德維西家裡接走了蒂芬妮，誰料，這次別離竟然成了德維西和自己女兒的永別。當天晚上，凱薩琳打電話給德維西詢問她蒂芬妮是否有哮喘，然後遺憾地告訴她蒂芬妮沒有呼吸了。

　　這是一起讓所有人措手不及的案件，一個未成年人被控一級謀殺罪，這在美國歷史上根本沒有先例，就連律師們都覺得非常棘手。為了幫萊諾洗脫罪名，律師劉易斯提出了這樣一個觀點，那就是萊諾在模仿職業摔跤選手的動作時，意外造成了蒂芬妮的死亡。這一觀點引起了巨大的爭議，一時間，蒂芬妮的死亡甚至已經不再是本案的重點了，媒體轉而

開始關注有關這種暴力體育運動的爭論。

為了讓自己的觀點更具有說服力，劉易斯向媒體公布了一盤錄影，錄影中辯方的心理醫生主持了一次與萊諾回顧案發當時情況的談話。錄影當中，萊諾在蒂芬妮喪生的客廳裡示範自己是如何與蒂芬妮假裝摔跤的，一連串的動作長達幾十分鐘。對於劉易斯而言，這已經可以證明蒂芬妮的死亡是萊諾意外造成的。但是在起訴方看來，劉易斯的策略不過是在轉移人們的注意力，這根本就是在胡攪蠻纏，這完全就是為了脫罪而故意混淆視線。

隨後，警方也拿出了最開始審問萊諾時的錄音，錄音當中萊諾對摔跤一事隻字未提。而且就屍檢報告來看，女孩的傷絕對不是摔跤造成的，那是猛烈的毆打所導致的。

就在控辯雙方進行激烈辯論的時候，輿論對於這起案件也有了一個較為清晰的結論：他們認為萊諾‧泰勒應該接受懲罰，但是終身監禁卻有些過於嚴重。持有這樣觀點的人甚至包括蒂芬妮的母親和檢方律師。有了蒂芬妮母親的支持，檢方和萊諾的辯護律師很快達成了協定，協定內容包括萊諾承認自己犯下了二級謀殺罪，並且需要在青少年監獄服刑三年。這相比於終身監禁，簡直已經輕了太多。檢方認為這樣的結果既給蒂芬妮討回了公道，又讓萊諾受到了懲罰，而且還不至於毀掉萊諾的一生，這個方案似乎各方都能夠接受。

第二章　迷失的少年—未成年人犯罪

就在所有人都認為這起案件即將畫下一個圓滿句號的時候，變故發生了。因為萊諾是未成年人，所以他被判定不具有承認協定內容的權力，所以想要達成協定，還需要他母親凱薩琳的同意。令所有人意外的是，凱薩琳毫不猶豫地拒絕了這項協定，並堅持認為自己的兒子沒有錯，萊諾是完全無辜的。雖然檢方律師多次重新提出協定，但都無一例外地被凱薩琳拒絕了。

2001年1月16日，在羅德岱堡市布洛瓦郡法院，關於萊諾‧泰特將6歲的蒂芬妮毆打致死一案開庭審理。因為成人法庭允許記者進入，所以幾乎全美國的記者都湧了進去，甚至還有不少外國記者。這一次，檢方提供了新的證據，因為萊諾承認自己毆打了蒂芬妮至少四十拳。而辯方律師劉易斯依舊堅持以前的觀點，認為蒂芬妮是在和萊諾模仿摔跤遊戲的時候意外受傷致死的，萊諾沒有殺害蒂芬妮的動機。

然而隨著第一位證人的傳喚，局勢出現了變化，第一位證人正是蒂芬妮的母親德維西‧尤尼克。據德維西描述，在蒂芬妮死後的第二天，萊諾曾和她有過一次談話，表示自己希望可以搬去和德維西一起生活，因為蒂芬妮不會回去了。這被檢方認為是萊諾殺死蒂芬妮的動機之一，但在接下來的交叉詢問當中，德維西也承認萊諾非常關心蒂芬妮。審判一時陷入了僵局。

在第二天的審理中，檢方進一步提出了更加有力的證據。在此之前，辯方律師劉易斯曾經公布了一盤錄影，用來證明萊諾是在與蒂芬妮玩摔跤遊戲。但檢方抓住了其中最大的漏洞，錄影當中的動作根本無法造成蒂芬妮身上的傷勢。如果想要意外造成蒂芬妮身上的傷勢，那麼至少需要等同於從三層樓高的地方墜落的力量。而且在最初的口供錄音中，萊諾並沒有提過任何類似錄影中的描述，更沒有提到職業摔跤這個詞語。

在經過為期數天的激烈辯論之後，局勢漸漸明朗。在辯方律師劉易斯的證人證明了模仿職業摔跤的動作可能造成蒂芬妮身上的傷勢之後，同時也證明了如此嚴重的傷勢不像是一場意外。眼見局勢已經極度傾斜，辯方律師請出了最後一位證人 —— 萊諾的母親凱薩琳。劉易斯原本希望她的證詞可以讓萊諾獲得陪審團的同情，然而這位母親不僅沒有取得正向的效果，反而讓陪審團覺得對於蒂芬妮的死亡，凱薩琳也應該承擔一部分責任。於是，萊諾・泰特的罪名最終成立了。

一級謀殺罪坐實之後，萊諾・泰特被判處終身監禁，並且不得假釋。這個結果連檢方都無法接受，但由於之前凱薩琳拒絕了認罪協定，這使得她的兒子失去了最後的機會。宣判之後，該案件並沒有隨之結束。民眾對於這次判決的結果由震驚轉變為憤怒，他們希望州長可以特赦萊諾，並且一直支持萊諾案件的上訴。

第二章 迷失的少年—未成年人犯罪

最終，在萊諾被判決兩年之後，上訴法庭以萊諾受審時不具備成年人的行為能力卻在成年法庭接受審判為由，開始重審該案。為了避免再次出現之前的局面，檢方律師再次提出了認罪協定。這一次凱薩琳接受了協定，萊諾將在一年之後出獄，交由他的母親監護。

【犯罪心理分析】

在心理學中，萊諾的情況被稱為「品行障礙」，具體說來屬於其中的攻擊性品行障礙。

具有攻擊性品行障礙的孩子很容易受到同伴的排擠，在兒童心中，並不會因為誰的拳頭大就臣服於誰，他們會在感到害怕之後刻意疏遠對方。萊諾在學校裡就處於這樣一種窘境，他基本沒有朋友，因為別的孩子都害怕受到他的傷害。這樣的孩子其實是極度渴望友誼的，所以，辯護律師認為萊諾非常喜歡蒂芬妮應該是事實。儘管如此，萊諾性格當中的攻擊性並不會因此而消失。由於年齡太小，他自己可能並不會意識到，是攻擊性使自己失去了朋友；恰恰相反，因為缺乏足夠的社交技能，萊諾只能透過自己慣用的手段來滿足自己的需求。對於發育較快的萊諾來說，身體強壯就是他的優勢所在，在沒有接受正確教導的情況下，用暴力脅迫自然也

就成了他慣用的手段。

對於孩子暴力行為的糾正並不能只依靠學校一方，而是需要學校、家長與社會三方面的共同努力。本案中，萊諾的母親不僅不對他進行正確的教育，反而盲目地維護自己的兒子，這很容易讓萊諾產生自己的行為並沒有錯的意識。男孩和女孩的興趣本就不同，尤其是只有6歲的蒂芬妮和已經12歲的萊諾在一起的時候，在還沒有學會遷就朋友的年齡階段，自然會選擇讓對方陪自己玩想玩的遊戲，一旦蒂芬妮不願意，那麼萊諾就會採取暴力脅迫的手段來讓蒂芬妮服從自己，這也與他毆打蒂芬妮的行為一致。

第二章 迷失的少年—未成年人犯罪

小小年紀的惡魔如何誕生

人們為什麼會害怕暴力和死亡呢？大概是因為從小就有人告訴我們那是一件很恐怖的事情。那麼，假如從來沒有人教導過孩子暴力甚至暴力致死是錯誤的，是恐怖的，孩子在心中又會如何看待這些事情呢？

在倫敦以北大約 275 公里的地方，有一個非常貧窮的小鎮，名叫紐卡斯爾。1968 年 5 月 25 日，鎮上的一男孩被發現死在了一棟房子的地板上。死去的男孩名叫馬丁·布朗（Martin Brown），年僅 4 歲。大人們一邊等待著警察的到來，一邊議論紛紛地猜測著馬丁是如何死亡的，他們猜馬丁大概是不小心吃了大人沒藏好的老鼠藥吧，顯然家長應當為馬丁的死負責。

這時候，年僅 10 歲的瑪麗·貝爾（Mary Bell）帶著她的好朋友羅拉向這座房子走過來。大人們當然不想讓小孩子見到這樣的場景，於是不約而同地把她們擋在了外面。「我只是想帶羅拉來看看馬丁的屍體。」長著一頭黑髮、有著一雙銳利的藍眼睛的瑪麗·貝爾笑嘻嘻地告訴大人們自己來的目的。果然是惹人生厭的年紀，大人們一邊責備瑪麗不懂事，一邊將她們哄了出去，同時也在驚訝這兩個小女孩的膽子怎麼這麼大。

小小年紀的惡魔如何誕生

　　房間是進不去了，於是瑪麗和羅拉試圖去別的地方繼續自己的「遊戲」，或許在她們心裡確實認為這只是一個遊戲。第一站是馬丁阿姨的家，她們要去報告自己的發現。「馬丁死了。」這是兩個小女孩敲開門之後的第一句話，馬丁的阿姨瞬間驚呆了。不過瑪麗絲毫不做理會，而是繼續用自己所能想到的各種詞彙描述著馬丁死時恐怖的樣子。

　　馬丁的阿姨開始還祈禱這只是個惡作劇，不過隨後這一消息就被證實了，馬丁的阿姨陷入了深深的悲痛。她並沒有把瑪麗的表現放在心上，畢竟這個年紀的孩子總是那麼令人討厭，行為舉止也總是不合時宜。但瑪麗一直在旁邊喋喋不休，誇張的描述和幸災樂禍的態度終於讓馬丁的阿姨感到忍無可忍，於是兩個小女孩再次被**轟**了出去。

　　事發第二天就是瑪麗的生日，不過大概也沒有人會記得。瑪麗的母親是個妓女，在 16 歲的時候生下了她，至於瑪麗的父親到底是誰至今還是一個謎。雖然不確定，但瑪麗的母親貝蒂堅持認為應該是經常和她約會的比利‧貝爾（Billy Bell），所以瑪麗才會被人們叫成瑪麗‧貝爾。生日當天的瑪麗依舊無所事事，於是她又帶著羅拉來到了馬丁家裡。她們很乖巧地敲開門，禮貌地詢問馬丁是否在家。

　　馬丁的母親顯得非常憔悴，很明顯，兒子的意外身亡簡直令她痛不欲生。不過，她還是很客氣地告訴兩個小女孩馬

第二章　迷失的少年—未成年人犯罪

丁已經死了，不能再和她們一起玩耍了。誰料瑪麗聽後不僅沒有轉身離開或者表示難過，反而露出了有些邪惡的笑容：「我們知道，我們就想來看看棺材中的馬丁。」悲痛的母親被兩個小孩氣得七竅生煙，就算是童言無忌，也不能這麼過分吧！於是她轉身回屋，只留下震天響的摔門聲。

警察開始例行調查周圍的住戶，詢問他們當中是否有人目睹了馬丁·布朗出事的經過，但是毫無收穫。唯一與案情有關的只有一張來自瑪麗的紙條，上面清楚地寫著：「我殺了人，我們殺了馬丁·布朗這個小雜種。殺人似乎並不是一件很困難的事情，如果可以殺死一個人，然後到處宣揚，似乎也是一件非常有趣的事。」

如果寫下這番話的是一個成年人，那麼警方大概會立即將其控制起來並進行審訊。但對方畢竟只是一個年僅 10 歲的小女孩，所以警察們雖然覺得奇怪，卻也沒有太過認真地對待。儘管如此，他們還是仔細詢問了瑪麗為什麼會寫下這樣的話。瑪麗的解釋讓所有人放下疑慮，她說自己只是寫著好玩的。之後，再也沒有誰生出過哪怕一絲「這個小女孩殺人了」的念頭。

多年以後，FBI 專科門從事變態心理犯罪研究的專家們在借閱當年的案件卷宗時，被其中的一幅畫吸引了注意力，那是馬丁·布朗死亡當天瑪麗交給老師的繪畫作業。作業本

小小年紀的惡魔如何誕生

上畫了一個趴在地上的小孩子，他的姿勢和馬丁被發現死亡的時候一模一樣，旁邊還畫了一個瓶子，上面寫著一個單字，「藥片」。圖畫旁的文字則是這麼寫的：「星期天，我和羅拉在小路上玩耍。我們發現有很多人圍在一棟白色的房子外面，於是走上前去詢問發生了什麼。原來房子裡面躺著一個死去的男孩。」

這幅畫和上面的文字已經很能說明問題了。因為瑪麗和羅拉剛剛靠近就被大人們趕了出去，所以當時她們根本沒能看見房間裡面的情況，因此那幅畫至少可以證明，瑪麗發現馬丁的時間要比圍觀的大人們更早。也就是說，瑪麗和羅拉在走過去之前是知道馬丁死在裡面的，所以她在作業裡撒了謊。可惜，沒有誰會在意一個10歲小女孩的異常舉動，例行公事地調查之後，警方就對顯而易見的線索置之不理了。

同年7月31日，悲劇再次發生了。布萊恩（Brian Howe），一個年僅3歲，長著一頭漂亮金髮的小男孩失蹤了。他的姐姐柏特焦急地四處尋找。聞訊而來的瑪麗和羅拉異常熱情地一起幫著尋找。後來，瑪麗直接帶著柏特來到小孩子們經常聚在一起玩耍的鐵路旁邊，然後指著一堆瓦礫說布萊恩很可能就在那裡。眼見天色已晚，柏特因為害怕並沒有走過去，而是轉身回家告訴了家裡的大人。

當日晚11時，警方根據柏特的描述在那堆瓦礫裡找到了

093

第二章 迷失的少年—未成年人犯罪

布萊恩的屍體。布萊恩是被人勒死的，被發現的時候他遍體鱗傷，小腹上還被刻了一個英文字母「M」，旁邊的草叢裡扔著一把剪刀。

在警方調查的時候，瑪麗再一次進入了他們的視線。上次瑪麗說自己殺了人，而這次則準確地告知了布萊恩死亡的地點，對此，警方不得不重新審視瑪麗和這兩起案件的關聯。要知道，當巧合接二連三地出現的時候，那就不再是巧合了。隨著調查的不斷深入，警方才恍然發現自己之前竟然錯過了多麼重要的線索。

在馬丁‧布朗死後，瑪麗的表現十分異常。她經常尖叫稱自己就是殺人凶手，但大人們都不以為意，而其他的小孩則一直在嘲笑她。大概在沒有是非觀的孩子們心中，能做到常人不能做的事情都是非常有面子的，甚至包括殺人，所以在他們看來，瑪麗一定是為了有面子才故意這麼說的，因此才會毫不吝惜地去嘲笑和譏諷她。

不僅如此，瑪麗那「要命」的惡作劇一直沒有停止。在布萊恩死亡的前幾天，她曾經跑到布萊恩家裡，告訴他的家人布萊恩被羅拉勒死了，一邊說還一邊模仿著被某個人勒住脖子的樣子。當時，人們已經有些習慣這個愛搞惡作劇的女孩了，所以根本沒人在意。令他們意想不到的是，幾天之後布萊恩真的被勒死了！

小小年紀的惡魔如何誕生

此後，更多的資訊被挖掘了出來。這個從小缺乏家庭管教的女孩一直有著不同程度的暴力傾向：她曾經把一個3歲的男孩推下樓梯，致使男孩摔得頭破血流；還曾經襲擊過三個女孩子，使勁地扼住她們的脖子。儘管辦案的警官們都從對方的眼中看到了深深的不可思議，但現實情況卻讓他們不得不把作案嫌疑放在這兩個小女孩身上。羅拉也是犯罪嫌疑人之一，因為她一直和瑪麗一起行動，並且在兩起悲劇發生之後同樣顯得無比興奮。

在布萊恩的葬禮上，一名警官看到了令他毛骨悚然的一幕：瑪麗的表情不同於大人們的悲傷和其他小孩子的不明所以，而是一直盯著棺材興奮地笑著，還在不停地搓手。在那一瞬間，這名警官甚至生出一種想立刻逃離現場的恐懼。

畢竟都是小孩子，在警方確立目標之後，真相很快就水落石出了。羅拉在得知瑪麗告訴布萊恩的家人是自己殺死了布萊恩之後，也不甘示弱地向警方「告密」了。她告訴警察是瑪麗殺死了布萊恩，並且帶著自己去看了布萊恩的屍體，還警告自己不許告訴任何人。

而瑪麗在經歷了剛見到警察時的驚慌失措後很快就冷靜了下來，她一口否認了羅拉的證詞，講出了一個截然相反的經過：「我、羅拉還有布萊恩在鐵路邊一起玩耍，但不知道為什麼羅拉和布萊恩發生了爭吵。然後羅拉突然開始瘋了一樣

第二章　迷失的少年—未成年人犯罪

地掐著布萊恩的脖子，還不停地撞他的頭。我想上前勸阻，卻被羅拉趕走了。她還威脅我不許把這件事說出去，否則就掐我的脖子。」

原本要好到形影不離的兩個女孩突然之間變成了仇人。在被捕的第一天，兩個人就把拘留室裡鬧了個雞飛狗跳。警方不得已只好把兩個人分開關押，但她們依舊隔著鐵門不停地臭罵著對方。即便是在之後的庭審過程中，兩個人也嚴重地互相敵視，每當其中一人指控另一人的罪行時，被指控的一方就會異常暴躁。

令人疑惑不解的是，兩個人在庭審當中的表情和反應卻總是驚人的一致。根據守衛的回憶，在關押期間，瑪麗還曾用十分惡毒的話語咒罵過自己的母親。於是，一起轟動整個英國的案件就這樣傳開了——兩個未成年女孩因涉嫌謀殺被起訴，當時的瑪麗年僅 10 歲，而羅拉也才剛 13 歲而已。

經過鑑定，馬丁和布萊恩的屍體上都留有瑪麗的衣服纖維，而布萊恩的鞋子上還有羅拉的衣服纖維。再加上其他證據的比對，羅拉是否有罪還是一個需要討論的問題，而瑪麗的罪名卻已經坐實了，她確實殺害了兩個小男孩。

面對起訴，瑪麗顯得非常冷靜，而羅拉卻一度因驚慌而失態，大聲咒罵著所有人。瑪麗在法庭上的冷靜表現令在場的人感到吃驚，即便在多年以後翻閱卷宗的犯罪心理學專家

也無法完全解讀出瑪麗當時的心態。根據當年經辦此案的工作人員回憶，瑪麗是一個異常早熟而聰明的孩子，但她的言行卻時常令人意外甚至恐懼。

事實上，瑪麗原本是可以獲得陪審團的同情的。她的父親比利‧貝爾是一個盜竊慣犯，母親則是一個妓女。為了能夠領到政府發給單親家庭的救濟金，瑪麗不得不稱呼自己的父親為叔叔。根據周圍鄰居的證詞，瑪麗的家只是一座沒有任何溫暖可言的空房子，唯一能夠陪伴她的，只有一隻經常對著路人狂吠的小狗。

在瑪麗更小的時候，她的母親其實是不願意撫養她的。貝蒂（Betty McCrickett）把瑪麗四處送人，先後送給了親戚、收養家庭等，但都沒能成功。因為沒有大人的照顧，瑪麗小的時候經常會尿床，母親貝蒂非但不認為這是自己的過失，反而對她惡語相向，不停地責罵和羞辱她。不僅如此，她的母親還把尿溼的床單拿到外面去和鄰居一起取笑她，這使得她一度非常害怕睡覺，害怕自己又會在睡夢中尿床。

由此可以推斷，瑪麗之所以會做出如此殘忍的事情，多半是家庭原因導致的後天形成的病態心理。如果瑪麗把這些情況都呈現在法庭上，然後再表現得軟弱一些，很容易就會獲得陪審團的同情。另一個被告羅拉就是這樣做的，她的辯護律師把她描述成一個淘氣愛玩的女孩，讓陪審團認為羅拉

第二章　迷失的少年—未成年人犯罪

只是因為貪玩和不懂事才捲進了整個案子裡面。

但是，瑪麗不僅對自己的家庭狀況和受虐經歷隻字不提，還表現得異常倔強和鎮定，完全不像是一位10歲的孩子。她的父母在法庭上如同表演一樣歇斯底里地哭鬧著，瑪麗卻沒有絲毫動容，只是一臉憎惡地注視著他們。這一切都被陪審團觀察到了，他們實在難以對瑪麗提起哪怕一點點同情，反而認為她是一個天生的惡魔。因為兩名被告都是未成年人，所以陪審團中有一位經驗豐富的兒童心理專家。這位專家得出的結論是：瑪麗是一個聰明、倔強但是冷漠、複雜而且非常危險的孩子。

最終，羅拉的罪名不成立，被當庭釋放；而瑪麗則因謀殺罪名成立被判處終身監禁。雖然英國的終身監禁不同於美國，後者基本上一輩子都不會有出獄的希望，而前者則有著很大的彈性，可能會關押很久，也可能幾年後就可以出獄了。但畢竟是被處以重刑，在宣判的那一刻，瑪麗終於像個真正的小孩子那樣哭了起來。

隨後，瑪麗被送往一個專門關押男性未成年罪犯的少管所。雖然硬體設施較好，教育素質也很高，但畢竟是一個關押男犯人的地方，瑪麗在這裡非常不方便，遺憾的是，法庭卻一直沒有做出更為妥善的安排。在少管所的幾年裡，瑪麗的母親倒是經常去看她，但帶去的並不是溫暖和關愛。母親

小小年紀的惡魔如何誕生

貝蒂每次都會抱怨瑪麗的罪行令自己蒙羞,並不斷慫恿瑪麗寫點東西來賣給雜誌和報社換錢,她自己也時常兜售一些吸引眼球但與實情嚴重不符的資訊給一些小報社。嗚呼哀哉,女兒的鋃鐺入獄反倒為母親貝蒂找到了一種新的騙錢方法。

1972年,已滿15歲的瑪麗終於被轉送到一所成人監獄。1977年時,她曾經成功越獄,卻在不久之後再次被抓了回去。直到1980年5月14日,23歲的瑪麗才得以假釋出獄,此後就成了一個被監控的在家服刑犯,這種狀況一直持續到1992年。此後,為了保護瑪麗不受過去身分的影響,法院特許她改變身分隱姓埋名地生活。誰料,瑪麗又在1998年出版了她的自傳。

自傳一經出版便引起了軒然大波,很多人都在指責瑪麗竟然利用自己罪惡黑暗的故事來賺錢,就連當時的英國首相布萊爾(Tony Blair)都曾經公開指責過瑪麗的厚顏無恥。瑪麗卻對此有著不同的意見,畢竟在她入獄後的十幾年中,各種小報一直對她的故事津津樂道。她認為,或許當自己的事情變得不再神祕以後,才能夠被大家漸漸遺忘。2004年,法院進一步特許瑪麗的孩子和孫子可以終生不透露姓名。儘管如此,改名換姓、時刻隱瞞過去的日子也實在是太難熬了。

在當年的審訊期間,著名的兒童心理學專家奧頓博士就曾經指出瑪麗·貝爾是典型的病態精神病。因為家庭殘缺,

瑪麗長期缺乏親情與溫暖，也缺乏正常的人際交流，這些都令她養成了極度冷漠的性格，不僅是對自己的父母，也是對所有人，甚至可以說是對所有生命的冷漠。在起訴期間，拘留室的一名守衛曾和瑪麗有過短暫的交談。瑪麗說希望自己將來可以做一名護士，這樣就可以把針頭狠狠地刺進人們的身體。守衛覺得一個小女孩單獨待在拘留室裡也許會感到孤獨，便特意送進去一隻貓給瑪麗做伴，但她卻掐著貓的脖子反覆虐待牠。瑪麗·貝爾在殺死馬丁和布萊恩以後，沒有表現出一絲悔恨，甚至在東窗事發之時也沒有露出一絲焦慮。就像那張紙條上所寫的那樣，殺死兩個男孩對於瑪麗·貝爾來說只是覺得有趣而已。

奧頓博士還談道：「兩起謀殺都沒有任何殺人動機，就像小孩子去踩死一隻螞蟻一樣。殺死布萊恩之後，瑪麗並沒有滿足和停止殺人的想法，如果不是罪行被及時發現，或許多年後的瑪麗會成為另一個震驚世界的變態殺人狂。」

【犯罪心理分析】

據統計，在未成年人犯罪中，女孩犯罪的數量要遠遠低於男孩，尤其是暴力犯罪，這一比例在 FBI 提供的數據中達到了 1:9。其中更多見的是青少年犯罪，即年齡在 11 歲到 18

歲之間的未成年人犯罪。另外其中謀殺罪是最少的，性犯罪的比率遠遠高於謀殺。但在本案中，瑪麗‧貝爾很明顯屬於極少數的例外情況 —— 她是名女孩，而且殺人的時候年僅10歲。

社會學習理論家歷來認為男孩和女孩的社會化過程是有區別的，雖然很難以性別來定義一個人是否更具有攻擊性，但在常見的教育中，女孩一般都被要求不能表現出攻擊性，而對於男孩則沒有這種約束。比如家長們在發現自己的女兒太過活潑時，就會批評其不像個女孩子；而當面對男孩子們時，家長們往往會說小時候淘氣長大有出息。這或許就是男性的暴力犯罪占更高比例的原因。照理說，瑪麗‧貝爾算是其中的一個異類，但是我們不能忘記這需要一個前提，就是她必須接受正常的社會教育。

瑪麗‧貝爾顯然沒有這方面的條件：一邊是為了躲債和領取政府救濟金而不能回家的父親，一邊是為了拉客而基本不在家的母親，瑪麗的社會教育有著難以彌補的缺失。所以她的成長可以說是完全放任自流，「長歪了」也是很正常的事情。心理學研究也表明，家庭存在問題的女孩更容易出現暴力傾向。

家庭教育缺失的孩子還會有一個常見的問題，那就是品行障礙，它有著兩種不同範疇的解釋：一種是指道德上的品

第二章　迷失的少年—未成年人犯罪

行不端,比如盜竊、破壞公物、經常性說謊、逃學以及打架等,而且這種品行不端必須具有永續性,不能因為一次逃學或者打架行為就認為是品行障礙;另一種則是指反覆性、永續性做出侵犯他人基本權利的行為模式,簡單來說就是經常性地侵犯他人。

根據案例中的敘述,我們可以很輕鬆地判斷出瑪麗·貝爾屬於品行障礙的範疇,同時她也會經常性地侵犯他人。遺憾的是,品行障礙者一生都會與社會環境存在人際衝突,甚至誘發各種違法行為。案例中的瑪麗在被關押到管教所之後,經常與裡面的男孩子發生衝突,在後來的越獄過程中還和一個男人發生了性關係。

很多人都認為智力和犯罪行為有關聯,比如說智力高的孩子學習成績肯定好,也就不會產生犯罪行為;而智力低的孩子因為學習不好,就會對學校以及社會產生厭惡感,從而引發犯罪行為。這種說法是沒有科學依據的,未成年人的犯罪行為和智力有關,但並不能簡單進行區分。瑪麗·貝爾應該屬於智力偏高的一類孩子,如果在一個正常的家庭中長大,瑪麗會是一個比較調皮的好孩子和好學生。但由於家庭問題的存在,智力高的孩子反而更容易關注到一些普通孩子們不會關注的問題。比如說鄙視父母的種種行為,在法庭上貝爾夫婦的可笑表演換來的只有瑪麗的不屑和冷笑。

其實，智力高並不代表心理成熟，只是更容易接受一些資訊而已，一旦這些資訊錯誤或者有誤導作用，那麼智力高的孩子反而更容易走向邪路。瑪麗從父母那裡接收到的資訊就是冷漠和不關心，所以她並不會和其他孩子一樣對更小的孩子產生關心和愛護的心理，反而會因為那些在她看來顯得非常幼稚的行為而產生厭惡心理。

瑪麗在描述自己殺死布萊恩的原因時有過這樣的言論：「布萊恩沒有母親，所以他死了不會有人傷心。」這句話可以展現很多問題。「沒有母親」也可以解釋成得不到母親的關愛，「不會有人傷心」同時也就代表著不會有人關心。這兩種情況都符合瑪麗自身的狀況。或許在瑪麗的心中已經有很多對得不到家庭關懷的怨恨，當這種怨恨累積到一定程度的時候，很容易產生「還不如死掉」的想法。而瑪麗之所以殺死布萊恩，很可能就是這種想法的展現。

第二章 迷失的少年—未成年人犯罪

福田孝行：姦母殺女的冷酷殺手

　　法律的存在本就是為了維護公平和秩序，但在某些時候卻又著實有些尷尬。比如當有人為禍一方，卻總是小錯不斷、大罪不犯時，派出所也拿他沒什麼辦法，只能關了又放，放了再關，這些人反倒習以為常了；但是，在某天這個「害人精」惹事的時候，被見義勇為者失手打死或者打殘了，此時的見義勇為者反而需要面臨法律的嚴厲制裁。

　　很多時候，審判似乎不能只依據實際造成的後果來裁定，於是西方才有了陪審團制度，但不可否認的是，陪審團制度同樣有著自身的缺陷。在陪審團制度下的法庭裡，同樣是罪犯，為非作歹卻善於表演者很可能會因得到同情而重罪輕判；而本性不壞但不善言辭或性格固執者卻很可能因受到陪審團成員的厭惡而得不到應有的減刑。說到底，每個人都應當敬畏法律、信仰法律，而不應過分迷信法律，將其視為約束人們行為的唯一鐵律。

　　1999年4月14日晚，日本發生了一起轟動全國，甚至引起司法改革的案件。家住山口縣的本村洋先生下班回家，發現自家的門沒有關上，而是虛掩著。心中感到不安的本村先生迅速走進家門，卻沒有看到妻子本村彌生和不滿一周歲

的女兒本村夕夏,按照平常的習慣,她們此時應該是待在家裡的。家中顯得非常凌亂,卻不像是有賊闖入,倒像是有人打鬥過的痕跡。更加擔憂的本村先生一邊呼喊著妻子的名字,一邊開始在家裡四處尋找。這時他發現平時用來放被褥的櫃子門沒有關緊,感到奇怪的本村先生一把開啟櫃子,卻看到了幾乎令人昏厥的一幕:櫃子裡面赫然是妻子半裸著、已經開始僵硬的屍體。

沒有找到女兒本村夕夏,但本村先生還是立刻報了警,他已經亂了方寸。警方到來之後卻發現了令本村先生更加絕望的事實:僅僅11個月大的本村夕夏被塞在櫃子的最上面一層,她的屍體被厚厚的塑膠袋包裹著,所以本村先生最開始沒有發現。

案件偵破的經過並不複雜,僅僅在本村先生的妻女遇害後的第四天,也就是4月18日,警方就逮捕了犯罪嫌疑人——一個名叫福田孝行的18歲少年,按照日本的法律,當時的他因未滿20周歲還屬於未成年人。福田孝行對於自己殺害本村彌生和本村夕夏的犯罪事實供認不諱。看起來似乎除了留給本村洋的心理創傷之外,案件很快就能結束。但事實恰好相反,隨著庭審的展開,本案才正式拉開了序幕。

根據福田孝行的供述,4月14日下午2點左右,他喬裝成某公司的排水管道檢查工順利進入本村家。他的目的很明確,

第二章　迷失的少年—未成年人犯罪

那就是趁著本村先生不在家的機會強姦被害人本村彌生。可是事情的進展並不順利，因為本村彌生反抗非常激烈，所以福田孝行一把掐死了她。在本村彌生激烈反抗的時候，僅僅 11 個月大的本村夕夏被嚇得哇哇大哭。在掐死本村彌生之後，福田孝行因為害怕本村夕夏沒完沒了的哭聲引來鄰居的注意，所以數次將本村夕夏舉起來摔在地上。這始終沒有辦法阻止本村夕夏的啼哭，所以他索性把本村夕夏也一併勒死了。發現被害人已經死亡之後，行凶者並沒有因為自己殺了人而驚慌逃走，而是將死者的雙手和嘴巴用膠帶綁住，並對死者進行了姦屍。

福田孝行供認不諱的作案經過讓所有人都覺得震驚。因此，即使犯案者是未成年人，山口縣少年法庭依舊決定將本案移交給地區檢察署的成人法庭。法院似乎認為移交到成人法庭審理已經是對犯人最大的懲罰了，所以在庭審中，法院仍以福田孝行是未成年人為由為其進行辯護。

首先是在第一次開庭審議的時候，本村洋希望自己可以抱著妻女的遺照進去，他希望透過遺照讓福田孝行明白自己到底做了什麼。但是，他的要求被法官拒絕了，理由是法庭中出現被害人的遺照，很可能會影響到犯人的情緒，畢竟他還是個未成年人。本村洋當然不會認同這麼離譜的理由，所以他不斷地進行抗議，終於在後面幾次庭審中得到了許可，卻被要求用黑布將照片矇住。

福田孝行：姦母殺女的冷酷殺手

　　在庭審的過程中，同樣發生了讓人難以接受的事情。福田孝行的穿著非常隨意，甚至連腳上的拖鞋都沒有換下來。進入法庭之後他就像事不關己一樣坐在那裡，直到他的辯護律師對他示意之後，才站起來向本村洋鞠了一個躬，然後說：「對不起，我做了無法原諒的事情。」僅此而已。但法官已經把這次道歉當成結案的一個重要依據，他們認為一句「對不起」就代表福田孝行有認錯的態度和悔改的意圖，也就是我們經常聽到的「認罪態度良好」。雖然福田孝行的認錯態度是否真的「良好」仍被大部分人懷疑，但法庭依據未成年人的保護條例，預設了對福田孝行的判決要從輕，因此，一審的判決結果是無期徒刑。

　　事實上，除了美國一級謀殺罪成立之後的終身監禁不得假釋之外，世界各國都不存在真正的無期徒刑。此時的福田孝行頂著未成年人的頭銜，他的實際刑期甚至很可能不會超過十年。所以，看起來非常嚴重的「無期徒刑」實際上卻是很輕的處罰。因此，在判決下達之後，福田孝行的辯護律師對著他的家人擺出了一個「勝利」的手勢。

　　此後，判決結果引起了巨大的爭議。一個罪犯在殘忍地殺害了兩個毫不相干的人之後，竟然得到了如此輕的判決。在廣泛的議論背後，有兩個人對此次審判的結果反應最為強烈。

第二章　迷失的少年—未成年人犯罪

　　其中一個是本村洋先生。他在聽到判決之後就已經失控了，面對前來採訪的記者，他的語氣顯得有些歇斯底里：「現有的司法簡直太令人絕望了，它竟然重點保護犯罪者的權益。不知道這樣的司法置被害人的權益於何地，置被害人家屬的權益於何地。與其這樣，還不如讓他無罪釋放，我會親手殺了他為我的家人討回公道。」

　　另一個人則是本案的檢察官。這位吉田檢察官顯然考慮到更加深遠的問題。很多時候法官在判案時，都會以以前類似案件的判決作為基準，因此一旦本村洋認同了此次判決的結果，那麼以後的同類案件都會被從輕判決。在吉田檢察官看來，一個殺了人還要姦屍，並且可以將只有 11 個月大的嬰兒活活勒死，然後冷靜地裹好塑膠袋藏起來的人，絕對不能僅僅因為一句毫無誠意的「對不起」，以及在法律上尚未成年的藉口就被輕輕放過，這樣一來，司法將失去最終的意義。所以他決定要將此案繼續上訴，直到重新做出應有的判決為止。

　　當然，做到這一點的首要條件就是本村洋同意繼續上訴。吉田知道這個過程可能會很艱難，起訴的過程甚至可能會長達數年乃至數十年，本村洋能不能一直堅持下去就是本案能否成功上訴的關鍵。於是，吉田特意給本村洋的上訴賦予了更多的含義，這不僅僅是為他的妻子和女兒討回公道，

更是為了能夠成功引發日本的司法改革。「使命」兩個字驀然出現在本村洋的腦海中。兩個目標一致的男人一拍即合，確立了目標之後就立刻開始分頭工作。吉田負責繼續上訴的申請和資料的蒐集，而本村洋則負責讓更多的人了解到他們要幹什麼，他們需要更多人的支持。

於是，吉田走向了上司的辦公室，而本村洋則走進了各類熱門新聞節目的錄製現場。「使命」兩個字也讓本村洋冷靜了下來，他不再憤怒地喊著要親手殺了福田孝行，而是開始試著在電視節目中告訴整個社會自己的遭遇和主張，比如在此次庭審中受到的各種不公平待遇。

在當時日本的刑事訴訟法中，沒有任何關於被害人以及被害人家屬權益保護的條文，整個庭審過程中被害人家屬只能坐在那裡聽審判的結果，似乎庭審只是國家和罪犯之間的事情，被害人的家屬僅僅是一個圍觀者，甚至連見證者都算不上，因為他們不會有任何意見被採納的機會，甚至都不會有發表意見的機會。就拿本村洋的案件來說，連帶著被害人遺照的要求都被拒絕了，整個庭審的過程就是檢察官試圖定罪，被告人的辯護律師在想盡辦法為自己的當事人脫罪而已。

本村洋認為國家獨占了刑罰權，因此居於強勢位置的國家（政府）裁決處於弱勢地位的被告人（人民）時，會為處於

第二章　迷失的少年—未成年人犯罪

弱勢地位的被告人（人民）設定許多法規以保障被告人（人民）的權利。這本來是一個很好的制度，但是在這樣的體系之中，原本同樣屬於弱勢群體的被害人以及被害人家屬卻被完全排除在外。

經過媒體的大量報導，本村洋一案的詳細情況以及本村洋的主張迅速傳遍整個社會，大多數人都支持他的看法。很多事情在沒有曝光之前很難得到處理，而一旦曝光之後就會處理得非常迅速，這件事情也同樣如此。面對如此洶湧的民意，當時的日本首相小淵惠三很快給出了正面的回應：「目前法律對於刑事案件當中的無辜被害人以及被害人家庭的保護顯然是不夠的，所以面對本村洋先生的訴求，政府不能視而不見。」

雖然小淵惠三在不久之後就因病去世，但他依舊推動了整個司法的改革：《犯罪被害人保護法》、《改正刑事訴訟法》、《改正檢察審查會法》三項法律在他去世前已經被國會全數透過。這些法律規定了被害人家屬的各項權利，比如說庭審當中需要專門留出時間來交由被害人家屬陳述自己的意見；被害人家屬的一些合理訴求必須給予滿足，不能因為保護犯罪者的權益而對其區別對待。

與此同時，吉田檢察官也已經將本案上訴到廣島高等法院，其申請的判決是對福田孝行執行死刑。但是和預期的一

樣，上訴被駁回了。2002 年 3 月 14 日，廣島高等法院的決議是維持原判，理由依舊是原來的那一套：「犯人只是個未成年人，思想尚未成熟，所以不能因為一時的犯錯而斷定他的將來。」同時，法院依舊在遵照原來的行事原則，對未成年人必須網開一面。二審維持原判是吉田檢察官本來就預料到的事情，立法的發表和具體實施是截然不同的兩個環節，想要讓新發表的三項法律造成應有的作用，他還需要繼續努力。不久之後，案件上訴到最高法院。

但是，少部分反對本村洋主張的人也開始活躍了起來。他們就是所謂的「人權衛士」，其目標是廢除死刑。而本村洋一案恰好被他們當成了施展自己「抱負」的舞臺，一幕幕拙劣的表演開始粉墨登場。這些人所擔任的角色是辯護律師，本來福田孝行的辯護律師應該由國家提供，就因為這幫所謂的「人權衛士」的到來，福田孝行擁有了一個由二十多人組成的超級民間律師團隊。此等規模甚至連一些大公司的公關律師團隊都無法達到。

具體說來，這支超級律師團隊的「功勞」如下：

首先，在一審和二審時，被告人福田孝行對於自己的罪行供認不諱，而在犯罪過程及動機上也沒有任何爭議。但此時卻被全盤否定，理由依舊是當時被告人未成年，不具備單獨的受審能力。在超級律師團隊拿出的新口供當中，被告人

第二章　迷失的少年—未成年人犯罪

　　福田孝行業時對兩名被害人本村彌生和本村夕夏完全沒有殺人的動機。

　　然後，他們丟出了兩個荒唐到極點，甚至令人感到幼稚的拙劣辯解。第一是入室強姦殺人被解釋為尋求母愛，因為被告人福田孝行的母親在此之前就已經自殺身亡了。而本村彌生之所以會被勒死，是因為福田孝行在抱她的時候過於激動，所以導致意外發生。第二是本村夕夏之所以會被勒死是因為她一直在哭鬧，被告人想安慰她，所以給她綁了個蝴蝶結。甚至還有一些荒唐到白痴都不會相信的理由，不知道這個超級律師團隊是從哪來的信心，敢提出這樣荒唐的辯解。

　　就這樣，兩次凶殘的謀殺被他們解釋成了意外傷害致死。儘管律師團隊的辯護極為拙劣，但也並不代表吉田和本村洋會贏，因為法官最有可能還是維持原判。不過，似乎歷史把這次起訴選作了推動司法改革的契機，福田孝行親自用行動證明了什麼叫「不作死就不會死」。

　　在二審結束之後，福田孝行就已經非常清楚了，雖然是無期徒刑，但自己最多只需要坐七八年牢就可以出獄。所以，他極為得意地寫信給他的朋友們，甚至寫給一些僅僅只是和他有一面之緣的人，信件中充滿了對本村一家的侮辱言論，並且對司法表示了極大的藐視。他寫道：「他們（指本村洋以及吉田檢察官）根本就拿我無可奈何，等七八年之後我

就可以出獄，到時候我們要舉辦一個盛大的慶祝會⋯⋯不過就是一隻公狗走在路上，恰巧碰到了一隻漂亮的母狗，公狗自然就會對母狗做些什麼⋯⋯這樣也有罪嗎？」這些信件很快就被檢方找到，並且取得收件人同意之後被帶到了法庭之上。被告方的超級律師團隊已經被檢方和法官當成小丑一樣地晾在一邊，現在唯一要做的就是駁倒前兩次審判時法官的判決依據。

「被告未來仍然有無限的可能性，並且被告已經有了良好的認罪態度和悔改之意。」這是一審時法官得出的結論。但是，顯然在超級律師團隊的操作下，「良好的認罪態度」原形畢露，而所謂的「悔改之意」也被檢方找到的信件所駁斥，二者放在一起顯得非常刺眼。「我從未感覺到被告哪怕有一絲的悔過之意。」這是檢方律師的最後一句發言。雖然被告方有超過二十人的超級辯護團隊在做「支援」，但檢方和本村洋這裡也聚集著四千多名在法庭外面進行聲援的志工。

2008 年 4 月 22 日，距離本村洋的家人遇害九年之後，最高法院做出了最終的判決：福田孝行的重大惡行罪名成立，被判處死刑。此時的福田孝行才開始到處表示自己會進行悔過，且不論其真假，判決已經下達，即便此時他真的意識到自己的罪行，也已經於事無補了。

時至今日，日本其他類型的犯罪數量居高不下，但唯獨

第二章　迷失的少年─未成年人犯罪

殺人案件的總數在全世界都屬於非常低的。正如得到最終判決之後，本村洋所說的那樣：死刑的意義並不僅僅在於懲罰罪犯，更重要的是讓罪犯明白自己的罪行和那種對生命的不尊重。雖然大部分死刑犯在執行死刑的時候都會感受到生命的珍貴，但是為時已晚，他們必須接受應有的懲罰。

【犯罪心理分析】

從福田孝行一案中，我們可以鮮明地看到兩種對待生命的態度：一種是吉田檢察官，他那種對於生命的敬畏與尊重，對於正義的孜孜以求，著實令人敬佩；而另一種是在福田孝行身上看到的，那是一副對生活失去熱情、對生命漠不關心的虛無主義者醜惡的嘴臉。

在福田孝行殺人案中，被害人家屬本村洋在得知殘忍暴虐的殺人犯福田孝行可能僅需在監獄服刑七八年就會被釋放時，曾滿心絕望地說過這樣的話：「我對司法很絕望。原來司法保護的是罪犯的權益，司法重視的是罪犯的人權。被害人的人權在哪兒？被害人家屬的權益在哪？如果司法的判決就是這樣，那不如現在就把犯人放出來好了，我會親手殺了他！」語氣決絕，心態極端，但似乎可以理解，值得體諒。其實本村洋的這種復仇心態恰恰就是公正思想的一種展現。

試想，倘若對於社會中存在的那些非正義行為不及時加以遏制和懲處，那麼就會形成「破窗效應」，使相當一部分本來具有正義願望的人灰心喪氣，甚至可能轉而開始效仿這種行為，從而誘發更多的非正義行為和社會犯罪。

同時，刑罰作為法律對違法者實施的一種強制處分和公眾處罰方式，其存在的意義正是為了避免私人力量對犯罪者進行打擊報復。一旦過分注重保護罪犯的權益而把死刑廢除掉，那麼，謀殺等重罪或許會更加肆無忌憚地在光天化日下上演，而私刑和私力報復也會屢禁不止甚至隨之氾濫，這顯然是每個人都不願意看到的場面。當然，基於「公正論」下的死刑也是有其自身局限性的，因為這種論調過分強調了犯罪和刑罰兩者的等同性，這樣的思路就必然導致「異罪同罰」的扭曲亂象，這依舊是我們所不願意看到的結局。

我們敬畏法律、信仰法律，卻不應過分迷信法律。縱觀本案，我們不至於因此而動搖自己對於法律這一約束人們行為的鐵律的信仰，卻也不得不叩問自己的內心，不得不引起我們對於死刑存廢這一問題的思考。對於我們大部分人來說，在對待福田孝行這類犯了重罪的人時，首先想到的就是把他們關進監獄贖罪甚至處以極刑剝奪其生命，這樣的結局似乎更能告慰被害人，更加大快人心，同時也令施暴者對自己犯下的罪行做了救贖，受了懲戒。彷彿唯有如此，才能以

第二章　迷失的少年—未成年人犯罪

傚效尤，震懾世人，令其他對違法犯罪躍躍欲試的人們再也不敢越雷池半步。但這一切是否真的如常人所想，事情又是否真的會如此輕易和單純呢？恐怕未必！

誠然，如福田孝行這樣罪惡滔天又不知悔改的人，著實令人深惡痛絕，感覺唯有將其送上絞架才能突顯正義的力量，獲得最終的勝利。但我們應該相信，對於任何一個心存良知的人而言，哪怕是極為偶然的一次作惡，都會在其心中留下難以磨滅的陰影，哪怕沒有被判處死刑，道德和良知的譴責也會令他們終生背負一具沉重的十字架，日復一日地被難受的心理折磨；即使對於那些窮凶極惡的罪犯來說，死刑也未必就能達到我們期望看到的效果。

時至今日，隨著社會的不斷發展進步，社會公眾道德觀中的公正觀以及刑罰觀都會變得日趨理性，從某種程度上說，豐富的物質財富及民智的逐漸開化會促使更多的人重新開始認真思考生命的意義。因此，刑罰的嚴厲程度可能也會隨之逐漸減輕，這大概也是人類文明進步的一種表現吧。由此，對於死刑存廢這一長久以來爭論不休的問題，或許也正如法國思想家孟德斯鳩（Montesquieu）所說的那樣：當人們對失去安逸生活的恐懼大於失去生命，那麼死刑就應該廢除；而當人們對失去生命的恐懼大於失去安逸的生活，那麼，就不應該廢除死刑。

第三章
文明的衝突 —— 文化信仰犯罪

　　信仰犯罪可以分為兩種情況：一種是假借信仰之名犯罪，也就是利用人們的信仰，比如說借積德行善的名義進行詐騙；另一種則是基於自己的信仰實施的犯罪行為。罪犯通常並不認為自己的行為是錯誤的，這是信仰犯罪中最重要的類型。

第三章　文明的衝突—文化信仰犯罪

引子：文化信仰與犯罪

在犯罪心理分析中有一個不可忽視的因素，即文化信仰背景因素。文化的衝突——不同社會文化的衝突、法律文化與道德文化的衝突等，尤其是信仰的分歧，包括宗教信仰、法律信仰、政治信仰，都可能成為犯罪的誘因並影響對罪行的懲罰。在這裡，我們重點探討一下信仰與犯罪的問題。所謂信仰犯罪，就是對於政治或者宗教信仰的錯誤認知甚至反社會信仰引起的犯罪行為。

不論是宗教信仰還是政治信仰，都在人們的日常生活中具有舉足輕重的地位，甚至是很多人依賴的心靈家園，在一定程度上起著不可忽視的強烈作用。費爾巴哈（Feuerbach）曾經說過：「除了依賴感和依賴意識以外，我們就不能發現其他更適當、更廣泛的宗教心理根源了。」大多數人都難以憑藉自身來解決一切問題，當他們遇到困境的時候，就會理所當然地尋求精神上的幫助或安慰，信仰在這個時候就變得尤為重要。但也有一些人借信仰之名做出許多違法犯罪的事情，然後又試圖以信仰來幫自己逃脫道德和法律的制裁，比如假借宗教之名進行的謀殺與詐騙等。

信仰犯罪可以分為兩種情況：一種是假借信仰之名犯

引子：文化信仰與犯罪

罪，也就是利用人們的信仰，比如說借積德行善的名義進行詐騙；另一種則是基於自己的信仰實施的犯罪行為。罪犯通常並不認為自己的行為是錯誤的，這是信仰犯罪中最重要的類型。

信仰犯罪一方面是由於對自我價值的片面追求，比如當一個人把傳播信仰等同於自身的價值時，這就很可能會誘發他對不同信仰者的犯罪行為。同時，在宗教信仰中對世界的認知既有正面的也有負面的，一個人在拋棄了正面認知而只關注負面認知的時候，同樣會產生犯罪行為，比如說過分注重宗教信仰中對世界的負面理解，就會產生諸如「活著就是在遭受苦難」之類的錯誤認知，所謂的邪教組織大多由此而生。

再有就是由某些錯誤信仰或者對信仰的錯誤理解引發的錯誤活動，也會引發一些犯罪行為。比如在傳統的清明節祭祖活動中，通常都會焚燒一些「冥幣」來表明自己的孝心，但在錯誤認知的驅使下，本來是盡孝的「燒紙」卻變成了攀比的「放火」，使得清明節成了火災的高發期，可能導致政府部門不得不用「禁止燒紙」的方式來減少火災的發生。

一般來說，信仰犯罪主要包括危害國家安全犯罪、恐怖主義犯罪、邪教犯罪及封建迷信犯罪等。

第三章 文明的衝突—文化信仰犯罪

喬治・雷諾德重婚案：對法律的挑戰

　　世界上大多數合法的宗教在理念上雖然千差萬別，但都有引人向善的教義，這與當今世界的主流文化並行不悖，甚至在一定程度上是相輔相成的，因此多數國家的憲法中都會有宗教信仰自由這一基本原則。針對不同宗教的不同習俗，法律還會給予適當的保護，以避免信教者與不信教者以及不同宗教的信仰者之間產生矛盾衝突。但也有一些宗教信仰者會理所當然地認為自己的信仰高於一切，為一些不切實際的違法行為尋找理念上的支撐，從而產生了諸多宗教信仰犯罪。

　　作為由基督教衍生出的諸多宗教團體之一，摩門教在美國其實並不怎麼引人注意。它是美國猶他州的一個宗教團體，全稱為「耶穌基督末日聖徒教」，創始人名叫 約瑟・斯密（Joseph Smith）。19 世紀中葉，西進的摩門教徒經過長途跋涉最後選擇定居於此。與傳統基督教不同，在摩門教繁瑣的教義中有這樣一條規定：男人可以娶一個以上的女人作為妻子。而大多數美國民眾都是傳統的基督教徒，他們奉行一夫一妻制。但由於當時的聯邦憲法還未制定有關一夫多妻和重婚罪之類的法律條文，所以人們並沒有特別關注摩門教的這一教義。

這一狀況一直持續到西元 1862 年，這一年的林肯（Abraham Lincoln）政府頒布實施了《莫里爾反重婚法案》，該法案將一夫多妻制列為一種非法行為。但因為緊隨其後爆發的南北戰爭，忙於內戰的美國人根本無暇顧及摩門教這一條奇怪的教義已經觸犯了法律。

內戰結束之後，美國國會才開始重新關注這一問題。為了強化聯邦法院在猶他州的權力，西元 1874 年，美國國會用《普蘭法》進一步強化了《莫里爾反重婚法案》。一般來說，在此之後，一夫多妻制就應該透過法律加以廢除。但當時摩門教的首領楊百翰（Brigham Young）卻一心想著利用自己的教派信仰來使一夫多妻重新成為合法制度，甚至試圖利用聯邦憲法中關於宗教信仰自由的規定來挑戰聯邦政府的法令。

楊百翰和他的顧問加農都是猶他州議會的議員，經過一番精心策劃，兩人試圖透過一起案件用最高法院的審判來駁倒政府的法令。案件很簡單，就是先在地方法院以重婚的罪名起訴一名男子，等法院判決這名男子有罪後再向最高法院上訴。他們堅信憑藉憲法中關於宗教信仰自由的規定，最高法院一定會駁回地方法院的判決，然後他們就可以透過這起案件來推動一夫多妻制度的合法化。

隨後，加農選擇了一名忠實的摩門教徒——楊百翰的助手喬治·雷諾德作為被告。喬治·雷諾德有兩個妻子，分別

第三章 文明的衝突─文化信仰犯罪

是瑪麗・安・圖登海姆和艾米莉亞・簡・斯科菲爾德。西元1874年10月，地方政府以重婚罪起訴了喬治・雷諾德，但由於摩門教在猶他州由來已久，這次起訴甚至都沒能成功立案便無疾而終。雖然聯邦法律並沒有強制摩門教改變自己的教義，甚至在一定程度上默許了已經成為事實的一夫多妻家庭，但這顯然無法滿足楊百翰和加農的野心。

透過多方面的努力，聯邦檢察官再次以重婚罪對喬治・雷諾德提起訴訟。儘管在法院下達傳票的時候艾米莉亞顯得非常不配合，她並不願意自己的家庭參與到這樣一起案件當中。但在楊百翰、加農以及喬治・雷諾德的努力下，檢察官很容易就證明了喬治・雷諾德和兩個女人生活在一起的事實。

西元1875年12月10日，陪審團一致同意雷諾德犯有重婚罪，並判處其兩年監禁以及500美元的罰款。得到這一滿意結果後，楊百翰和加農立即開始了下一步計畫，那就是上訴，直到推翻原先的判決為止。但事情並沒有向他們計劃好的方向發展。

西元1876年7月6日，猶他州地區高級法院宣布支持這一判決，喬治・雷諾德的重婚罪名依舊成立。但他們並沒有氣餒，喬治・雷諾德繼續向美國最高法院提起上訴，他們的目標就是在這裡獲得勝利，然後尋找到推動一夫多妻制度合法化的契機。

西元1878年11月14日至15日,這起轟動全美的重婚罪審判得到了很多人的關注。喬治・雷諾德的辯護律師試圖在法庭上為他脫罪,並指出根據美國《憲法第一修正案》中關於宗教信仰自由的條文,作為摩門教的忠實信徒,雷諾德理應享有信仰自由,所以必須推翻雷諾德犯有重婚罪的判決。

頒布於西元1791年的美國《憲法第一修正案》明確規定:「國會不得制定關於下列事項的法律:確立國教或禁止宗教活動自由;限制言論自由或出版自由,或剝奪人民和平集會和向政府請願申冤的權利。」顯然律師是在尋找法律的漏洞,試圖透過鑽空子的方式取得勝利。

但是,聯邦法院在西元1879年1月6日做出了最終判決,維持喬治・雷諾德重婚罪案件的原判。就這樣,喬治・雷諾德終於在教派首領和自身的「努力」下,把自己成功地送進了監獄。

此後,最高法院給出了維持原判的理由:《憲法第一修正案》確實保證公民的宗教信仰自由,但並不保護一夫多妻制度。因為基於美國歷史的基本價值取向,一夫一妻制才是依法確立的婚姻制度,在美國境內生活的所有人都無權破壞這一基本原則。摩門教雖然有關於支持一夫多妻的教義,但很明顯喬治・雷諾德等人錯誤地解讀了這部分內容。教義中只是明確一個男人可以有一個以上的妻子,並不是說一個男

第三章　文明的衝突—文化信仰犯罪

人必須有兩個或者更多的妻子,因此一夫一妻制度本身並不違反摩門教的教義。

【犯罪心理分析】

本案中的喬治・雷諾德就是宗教信仰犯罪的一個典型案例。其實,這次判決的重點並不在於一夫多妻制度的危害性以及一夫一妻制度的正確性,而應著眼於一個更深層次的問題,即宗教信仰自由並不是沒有限制的,任何人都不能憑宗教信仰自由這一藉口來為自己違反法律的行為辯護。仔細分析一下,喬治・雷諾德的行為非常切合宗教信仰犯罪者的心理及行為特點。

首先就心理特點而言,喬治・雷諾德的認知水準明顯有失偏頗。當他開始信仰摩門教的時候,就已經把教義當成了自己唯一需要遵守的準則。正如心理學家所說:「宗教信仰型罪犯在情緒上通常會表現出對其所信仰的理論、觀點以及代表物的極度虔誠,甚至在一定程度上已經屬於偏執狀態,即使明知道違背常理,也會強迫自己堅持下去。」這其實類似於迷信宣傳者們所講的「心誠則靈」。為了表現自己對於信仰的虔誠,喬治・雷諾德甚至不惜「以身試法」,試圖透過自己幻想中的罪名不成立來維護自己的教義,這已經是一種錯誤

的解讀了。

摩門教的教義當中確實有「男子可以娶一個以上的女人作為妻子」這一條，但最多可以證明摩門教並不反對一夫多妻制，可是不反對並不代表絕對要求。法律宣布一夫多妻屬於違法行為，並沒有違背憲法中所講的宗教信仰自由，因為摩門教的教義也並沒有強迫自己的教徒必須娶兩名以上的妻子，所以是否要一夫多妻和對於信仰是否虔誠之間並沒有必然的因果關係。因為理解得較為偏頗，喬治‧雷諾德把自己對於信仰錯誤的理解當成了自己挑釁法律的資本，自然就會受到法律的制裁。

其次在行為特點方面，喬治‧雷諾德也符合宗教信仰型犯罪的一般特徵。每一種宗教都有屬於自己的獨特儀式和行為，但就信仰本身而言，這並不是一個追求特立獨行的過程，所以是否行為怪異和對於信仰是否虔誠之間同樣沒有必然的因果關係。相較於美國最為普遍的基督教來說，不反對一夫多妻顯然成為摩門教最與眾不同的一個特點。喬治‧雷諾德就是想透過這一與眾不同之處來表現自己對於信仰的虔誠。

事實上，表現信仰虔誠的方式應該是去做自己所信仰的理念中要求自己去做的事情，而不是去做自己所信仰的理念中不反對的事情，是否要一夫多妻對於摩門教的信仰來說並

第三章 文明的衝突—文化信仰犯罪

不是一件舉足輕重的大事。雖然法律沒有權力干涉一個合法的宗教團體,令其修改自己的教義,但正常人都不會把一項顯然不符合法律規定,並且極其不顯眼的教義拿來堅決貫徹執行。

所謂宗教信仰自由的定義應該建立在不違背基本法律的基礎上,而喬治‧雷諾德的情況顯然不在這一範疇之內。他的信仰並沒有強迫他娶多名妻子,所以準確來講,他的教義並沒有違反法律,只是不反對一件違反法律的事情。因此,喬治‧雷諾德無論是從信仰還是法律的角度,都沒有任何理由去挑釁權威,堅持要做違法的行為。

卓別林驅逐案：聯邦調查局的汙點

　　信仰犯罪中有一條叫政治信仰犯罪，這是幾乎每時每刻都存在的一種犯罪行為，換言之，只要政治存在，政治信仰犯罪就永遠不會停止。客觀來講，政治信仰犯罪與每個歷史時期的國際大環境和每個國家內部的政治文化意識形態密切相關。也就是說，在這一階段的政治信仰犯罪，或許在下一階段就不再屬於犯罪行為；而原本不屬於犯罪的行為，也可能因為政治意識形態的改變成為犯罪行為。

　　目前，大多數政治信仰犯罪的主因來自犯罪者的主觀因素。大體上可以將其分成兩類：其中一類是具有較高教育程度的「知識分子」，他們會根據自己的知識水準來建構屬於自己的「偽公平」和「偽正義」，試圖讓自己凌駕於整個社會制度體系之上；或者試圖讓他們自己所認為最「公平、正義」的社會體系來代替現有的社會體系。而他們之所以會犯罪，就是因為完全以自我為中心，忽略了整個社會的真實狀況。這類信仰犯罪者的數量較少。另一類則是為了追求經濟利益及腐朽的寄生生活方式而犯罪，嚴格來說，他們並沒有真正的政治信仰，只是打著同樣的幌子來為自己謀取私利。就如同經常發表反社會制度言論的一些人，一方面他們可能受僱於

第三章　文明的衝突—文化信仰犯罪

國家內部真正的信仰犯罪者或者國家外部的敵對勢力，另一方面也可能是故意發表類似的言論，希望透過自己的社會影響力使得某些特殊的社會團體僱用自己，或者掏出錢來讓自己息事寧人。

FBI，全稱為美國聯邦調查局，隸屬於美國司法部，是美國最大的打擊犯罪機構，可以說有過赫赫戰功，但建立之初的聯邦調查局卻和後來打擊犯罪的模範形象截然不同。

「寬褲子、高帽子、小鬍子、大鞋子，再加上一根從不離身的拐杖」，這樣的描述一出現，很多人都會想到 20 世紀最著名的表演藝術家查理・卓別林（Charlie Chaplin）。即便在亞洲地區，卓別林也是一個家喻戶曉的人物。在無聲電影的年代，卓別林就是當之無愧的王者，是一位世界級的喜劇大師。

20 世紀初，世界性的經濟危機導致了全球的經濟蕭條，而當時的發展新秀美國也未能倖免地被席捲其中，整個國家經濟低迷，失業率直線攀升，普通勞動階層的收入水平極速下降。伴隨著收入降低的卻是物價的暴漲，在此消彼長之下人們的生活水準不斷下跌，對於國家的不滿情緒也日益高漲，於是工人階層的罷工運動此起彼伏。恰逢此時，卓別林橫空出世，透過對社會底層人民的思想性演繹以及滑稽的舞臺表現，迅速吸引了大批擁護者，在極短的時間內成為一個

卓別林驅逐案：聯邦調查局的汙點

家喻戶曉的美國明星。

公正地說，卓別林的表演使得在經濟危機中幾乎被擊垮的美國普通民眾首先從心情上得到了平復。然而，這位在舞臺上滑稽地揮舞著拐杖，邁著刻意而搞笑的八字步，為普通民眾帶來無限歡笑的大明星，同時也被其他一些群體密切關注著。首先是美國的左翼知識分子，他們認為卓別林代表了廣大勞動人民的心聲，於是把他當作了榜樣式的人物。這對於左翼人士是好事，也就意味著在右翼人士眼中成了災難。在那個特定的年代，無產階級運動和共產黨對於美國統治階層來說就如洪水猛獸一般。於是，卓別林就開始被殃及池魚了。

雖然 FBI 的職責範圍是肅清全美的犯罪行為，但查辦威脅國家安全類的犯罪也是他們工作中最重要的一部分。因此，FBI 針對卓別林的調查和監視也隨著其名聲的日益高漲而徐徐展開。

1922 年，聯邦調查局對於卓別林有記載的調查就始於這一年。調查局派出數名特務到卓別林的電影工廠當臥底，每天觀察他的一言一行，試圖發現其和共產主義者的連繫。不久之後，這些監視內容就以報告的形式被遞送到了當時的聯邦調查局局長伯爾恩斯的辦公桌上。報告中出現了美國政府最害怕的東西。根據臥底們的觀察，卓別林的電影工廠裡有

第三章 文明的衝突—文化信仰犯罪

著大量的「布爾什維克」，這些「電影界的激進分子」最喜歡討論的主題就是「如何在電影中宣傳革命教育和工人運動」。

這份原本不太可信的報告在伯爾恩斯這裡卻有了更加扭曲的解釋：「宣傳工人運動」被解讀成「為共產主義做宣傳」。所以，伯爾恩斯以「電影宣傳共產主義會對本國民眾的思想造成影響，進而影響國家安全」為由，對卓別林開始了更加嚴密的監控。為了有充足的理由證明他們的推斷，調查員們羅列了大量的關於電影思潮的數據，透過電影界出現過的各種激進活動來佐證自己的觀點。

不久之後，對於卓別林來說更加倒楣的事情發生了。在聯邦調查局擔任重要職位，同時也是未來第二任聯邦調查局局長候選人的胡佛（J. Edgar Hoover）也把目光集中到了卓別林身上。很顯然，如果能夠坐實卓別林的罪名，那麼這對於胡佛來講就是一項非常有力的政治資本。即便胡佛自己沒有野心，他的職責也會促使其開展之後的各種行動。被前後兩任聯邦調查局局長密切關注，這樣的待遇對於一個喜劇大師來說實在是有些「受寵若驚」。於是，在胡佛的努力促成之下，本來就已經相當嚴密的監控再次提升了一個等級，猜想就連卓別林上廁所的時候隔壁都會蹲著一個調查局派來的特務。

經過深入而嚴密的調查，一則令他們興奮的消息被送到

卓別林驅逐案：聯邦調查局的汙點

了伯爾恩斯的辦公桌上，有消息稱卓別林匿名向美國共產黨捐了 1,000 美元的政治獻金。如果這則消息能夠被證實，那麼他們就能以此事大做文章，甚至可以抓捕卓別林。為此，伯爾恩斯特批了大量的資源進行調查，結果忙碌了幾年之後依舊一無所獲，沒有任何證據可以證明捐款人就是卓別林。

按照常理，經過長時間的監控卻沒有發現絲毫有用的資訊，聯邦調查局應該放棄對卓別林的監控才對，至少也應該放鬆一下，但事實恰恰相反。在卓別林的表演事業如日中天的時候，胡佛就任了聯邦調查局局長。此時的聯邦調查局開始遭受大量的非難，因為其直屬於聯邦政府，所以州政府和州警局顯然不願意憑空出現這樣一個「頂頭上司」來分割自己的權力。再加上此時的聯邦調查局還不像後來在打擊犯罪方面戰功赫赫，而是自成立以來似乎就已經淪為了政治鬥爭的工具，對於打擊犯罪沒有絲毫建樹，甚至已經有人開始建議解散聯邦調查局了。即便面臨如此困境，他們對於卓別林的監控依舊沒有絲毫放鬆。胡佛對於卓別林的態度執著得讓人難以理解。

此後事情的發展更讓人有些哭笑不得，信奉「精誠所至，金石為開」的聯邦調查局鬧了好大的一場烏龍戲。1941 年 6 月，派去監視卓別林的特務再次找到了卓別林的「罪行」—— 卓別林曾經的一個僕人布萊克被認為是日本間諜。

第三章 文明的衝突—文化信仰犯罪

布萊克跟隨卓別林的時間長達二十年之久，兩人的關係非常密切，如果坐實了他的間諜罪名，那麼胡佛就有足夠的理由將這把火燒到卓別林的身上。聯邦調查局對外公布了布萊克的罪行：協助日本情報組織了解美國重要的海軍基地以及沿海的各種軍事設施和發電站的位置。逮捕布萊克的新聞甚至登上了報紙的頭條，當然這其中不乏聯邦調查局炫耀功勞的成分，畢竟一直以來他們可以說是毫無建樹。

然而，接下來事情的發展出現了令人啼笑皆非的轉折，就在聯邦調查局試圖透過審訊進一步坐實布萊克罪名的時候，來自上級的消息讓所有人目瞪口呆：布萊克是美國海軍情報處的臥底線人，他的被捕直接導致了海軍情報處的一系列計畫破產，他們竟然把自己派到敵對勢力中的臥底抓了回來⋯⋯

雖然聯邦調查局一直沒有找到任何可以證明卓別林「有罪」的證據，但胡佛就是對他「情有獨鍾」，大有「咬定青山不放鬆」的氣魄。1942 年 12 月，日本偷襲珍珠港成功，全美上下群情激憤，美國政府趁勢對日宣戰。出於對法西斯的痛恨，出於一個知名人士的愛國宣傳義務，卓別林參加了大量的公共活動。這本來是無可厚非的一件事，卻被胡佛看作是抓住卓別林「罪行」的良機。長達數千頁的調查報告中甚至包含了卓別林說過的每一句話，以及卓別林每一次的公開

言論。事實證明卓別林是無懈可擊的,甚至該案的調查員們也開始相信卓別林是無罪的。可惜此時的胡佛已經對卓別林「難以自拔」了,他不願承認自己認為「有罪」的卓別林其實是完美無瑕的,即便不能給其定罪,他也要將卓別林驅逐出美國去。

經過漫長的調查,機會終於在1943年來臨。卓別林曾經和自己旗下的一名簽約演員產生過感情,但由於這個名叫瓊‧巴里(Joan Barry)的女演員的生活作風非常不檢點,所以卓別林單方終止了這段感情,並且解除了合約。然而瓊‧巴里卻不願意就此離去,她希望可以從卓別林那裡得到大筆的金錢。願望落空之後,這個女人又有了新的主意,她假稱懷了卓別林的孩子,並將卓別林告上了法庭。

這本來就是一起誣告案,後來的法庭鑑定和調查也證明了卓別林的清白。但「恰逢良機」的胡佛又怎會讓機會白白溜走,於是在調查局的支持下,大量關於卓別林的負面新聞充斥在所有的媒體上。美國的右翼組織也參與其中,開始進行大量打壓卓別林的活動,試圖在各個方面孤立卓別林一家。諷刺的是,即便是美國司法部,也只能在卓別林自己離開美國後趁機驅逐他。

1952年9月17日,卓別林一家乘坐「伊莉莎白女王號」前往倫敦參加《舞臺春秋》(*Limelight*)的全球首映式。在卓別

第三章 文明的衝突—文化信仰犯罪

　　林離開美國兩天後，美國司法部趁機宣布卓別林的入境簽證已經被取消，並且永遠不會再被簽署。因為儘管卓別林一直在美國發展，但他始終保留著自己的英國國籍。

　　無法回到美國的卓別林在瑞士度過了自己的餘生，直到 1972 年，透過奧斯卡頒獎典禮的邀請，卓別林才有了重回美國的短暫經歷。時隔二十年之久，聯邦調查局依舊強烈反對卓別林入境。雖然他們的意見最終沒有被採納，但卓別林還是得在參加完典禮之後迅速離開美國。

【犯罪心理分析】

　　在本案中，透過聯邦調查局三十餘年如影隨形的深入調查，我們似乎反而更能看清一點—— 世界級的喜劇大師查理·卓別林並非美國聯邦調查局所懷疑的那種政治信仰型罪犯。具有諷刺意味的是，幾十年的追查下來，唯一的結果卻是證明了卓別林的清白。諸多事實證明，這位 20 世紀最著名的表演藝術家是無懈可擊的，就連該案的調查員們也開始相信卓別林是無罪的，曠日持久的跟蹤調查似乎最終以一幕鬧劇草草收場。但在現實生活中，封建迷信犯罪、邪教犯罪之類的信仰型犯罪卻可謂屢見不鮮、不勝列舉，本案中涉及的政治信仰犯罪更是幾乎無時無刻不存在於我們的身邊。

所謂信仰，往往帶有強烈的感情色彩，是指對於某種主義、主張、宗教極度尊崇，並把它信奉為自己的行為準則。而信仰犯罪，就是指由對於政治或宗教信仰的錯誤認知而引起的犯罪行為。就客觀來講，政治信仰犯罪與意識形態密切相關，只要政治存在，政治信仰犯罪就永不會停止。

而目前，大多數的政治信仰犯罪主要表現出如下心理特徵：一是具有強烈的反動政治需要和精神需要，關心國內外形勢並發表見解，毫不動搖地傳播自己的反動觀點，並且逐漸由政治需要轉為經濟需要、由精神需要轉為物質需要、由理想需要轉為實際需要，作為一種對於代償性滿足的追求。他們往往還擁有對文化生活的需要和讀書寫作的愛好。二是具有明顯的情感和意志特徵，情感執著，傾向明顯，意志頑固，自負卻也無怨無悔，憑藉「以偏概全」的片面了解對時局進行抨擊。三是獨立型、支配型性格，雙重人格突出，大多有著自己的獨立見解，不隨波逐流。四是智力和教育程度較高，會根據自己的知識水準來建構屬於某些人的「偽公平」和「偽正義」。

究其主觀因素，正是因為犯罪者完全以自我為中心，屬於個人的意識行為，過於堅信某些東西或者事物，將此拿來作為自己的行動指南或人生榜樣，從而過分理想主義，忽視了整個社會的客觀條件與真實狀況。當然，還有相當一部分

第三章　文明的衝突─文化信仰犯罪

犯罪者只是出於內心的貪婪，為了追求經濟利益以享受腐朽的寄生生活，找一個冠冕堂皇的理由，打著政治信仰的幌子來為自己謀取私利，甚至不惜實施危害國家安全、恐怖主義等一系列犯罪行為。

其實，人類意識的可貴之處，就在於對自身缺陷有清醒而客觀的了解，因此，信仰無疑是必要而有益的。它不但可以提升人們的道德境界，賦予人們自律的本性和意義，還能為道德行為提供動力，替自身確立價值目標。但是，作為人們的精神支柱和道德選擇的基本座標，信仰必須要不斷得以修正，增強人們生活的信念，成為一盞指路明燈，照亮正確的前進方向。

趙承熙：冷酷的校園殺手

2015年10月1日上午，美國奧勒岡州一個偏遠的社區學校裡傳出了陣陣槍響，開槍者是一名20多歲的年輕男子。據統計，這次槍擊事件共造成十三人死亡，並有多人受傷。消息一經媒體報導，頓時震驚了整個美國，或譴責或惋惜的各種言論不絕於耳。時任總統歐巴馬不得不公開講話表示「沉痛的哀悼」，同時再次呼籲美國民眾禁槍。一涉及禁槍的話題，群情激憤的美國民眾立刻不約而同地集體變身路人甲：「持槍是憲法規定的，誰也沒有權力剝奪。」顯然在這樣一個最具有「人道主義」的國家，個人利益似乎總是高於一切的。其實，在美國，類似的涉槍犯罪可以說是屢見不鮮。

時間：2007年4月16日

地點：美國維吉尼亞理工大學諾理斯教學大樓

上午9點45分，206教室裡，一位教授正在上課。這時候，教室的門突然被推開了，一名學生模樣的男子向裡面張望著。大概沒有哪個教授會喜歡這種突然打斷自己上課的沒禮貌的學生，但他只來得及看了一眼，還沒等張口說話，就被這個「不禮貌的學生」手中的槍擊穿了身體。打死教授之後，凶手又開始朝正在上課的學生們胡亂開槍，教室裡頓時亂作一團。

第三章　文明的衝突—文化信仰犯罪

　　槍聲響起的同時也驚動了周圍其他教室裡面的人。在205教室上課的是一位名叫程海燕的華裔女助教，她走出教室時剛好看見一名男子拿著槍向他們的教室走來，於是急忙回到教室裡關上了門，並且招呼幾名坐在前面的男生一起幫忙把門死死地頂住。凶手走到205教室門口後試圖把門撞開，但是沒有成功，只好隔著門朝裡面開了幾槍，萬幸的是沒有人被擊中。

　　在嘗試未果的情況下，凶手換了一個彈夾，繼續走向其他教室。凶手的離開對於躲在205教室裡的人來說無疑是一件幸運的事，但對於其他教室的人依舊是一場災難，他們沒能將這個瘋狂的殺人者堵在門外。然而對於華裔女助教程海燕來說，暫時逃過性命之憂的她又開始擔心另一件事，因為她清楚地看到了開槍者的臉，那是一張純正的東方面孔。

　　除了換彈夾的短暫幾秒間隙之外，砰砰的槍聲一直沒有停歇，牽動著教學樓裡每個人的心。不是人們想不到逃出教學樓，而是事實上這棟大樓的三個出口都已經被鐵鏈鎖死，連聞訊趕來的警察也被堵在了門外。從附近醫院趕來的救護車上，醫護人員正在焦急地等待著，不少學生已經開始從二樓的視窗跳下去逃生。

　　五分鐘後，警察終於開啟了教學樓的大門，此時距離凶手第一次開槍已經過去足足九分鐘的時間，槍聲依然不停地

響著。衝進大樓的一部分警員們迅速將傷者抬到外面的救護車上去,而另一部分人則開始一間一間教室地搜尋,他們要盡快找到那個開槍的人。不久之後,警員們在 211 教室門口找到了已經開槍自殺的凶手,子彈從腦後打入,整張臉面目全非。

九分鐘,一百七十多發子彈,這次槍擊案共造成了三十三人死亡,可謂是美國有史以來傷亡人數最多的校園槍擊案。令華裔女助教程海燕擔心的事情發生了,《芝加哥太陽報》(*Chicago Sun-Times*)在案發幾個小時後發表了一篇報導:凶手是中國人,男,24 歲,2006 年 7 月 8 日來到美國。隨後,亞裔、中國人、槍擊案、死亡人數最多等關鍵詞成了社會公眾最關注的消息,一時間各大網站迅速轉載了這篇報導。但這篇報導很快便消失得無影無蹤,原來急於搶頭條的媒體鬧了個大烏龍,凶手根本不是中國人。警方出來闢謠並通報,開槍者是一名韓國留學生。

媒體的尷尬暫且不提,令警方尷尬的反而是另一件事——這裡並不是槍擊案的起始點。在諾理斯教學大樓槍擊案發生的幾個小時之前,也就是當天早上的 7 點 15 分,距離諾理斯教學大樓 3 公里之外的一棟新生公寓裡,大一女生埃米麗·赫什爾(Emily Hilscher)和大四男生萊恩·科拉克(Ryan Clark)被毫無徵兆地槍殺了。

第三章　文明的衝突—文化信仰犯罪

　　當時接到報警電話的警察初步將案件判定為情殺，認為這是一起獨立案件，只是封鎖了宿舍樓，並沒有在整個學校裡展開搜尋。於是，凶手便利用這個空當跑到了幾公里之外的諾理斯教學大樓裡大開殺戒。這裡離案發現場足夠遠，警方一時間不會搜尋到這裡，這使得他有了充足的時間展開第二次屠殺。將近兩個半小時之後，一直毫無線索的警方在接到諾理斯教學大樓有人開槍的報警電話之後，才恍然大悟，原來這並不是一起簡單的情殺案。

　　此後，凶手的身分資料被逐漸披露出來：趙承熙，韓國人，出生於1984年1月18日，擁有美國的永久居住權。美國移民部門的紀錄顯示，他是在1992年9月2日來到美國的，凶殺案發生之前正就讀於維吉尼亞理工大學的英語專業，是一名大四的學生。

　　由於並沒有留下任何案發當時的影片數據，案發現場附近的人們也只能聽到震耳欲聾的槍聲和人們悽慘的尖叫聲，所以警方只能試著從目擊者的口中還原當時的情況。在目擊者凌亂的敘述中，警方找到了一個共同點，那就是在整個行凶過程中凶手一直都非常冷靜，冷靜地殺人，冷靜地換彈夾，然後繼續冷靜地殺人。整個過程中沒有表現出任何一絲其他的情緒，這是一場蓄意的謀殺。

　　此時待在郊區家中的趙承熙父母還不知道兒子的情況，

> 趙承熙：冷酷的校園殺手

他們只是從電視上看到了有關槍擊案的新聞報導。正當趙承熙的父親經不住妻子的催促打算去學校看一下的時候，警察已經叩響了他家的房門。趙承熙的母親在看到警察出現後變得有些歇斯底里，因為她意識到兒子肯定出事了。果不其然，警方在確認兩人是趙承熙的父母之後，就把他的死訊告訴了他們。然而更加令兩人沒有想到的是，警察並沒有說節哀之類的安慰話語，而是在停頓了一下之後告訴他們，這起案件的凶手正是他們的兒子趙承熙。

趙承熙一家是屬於那種做著「美國夢」的移民者，經濟狀況一直不太富裕。趙承熙是家裡唯一的男孩子，學習成績很好，家裡人一直對其寄予厚望。他的父親在聽到真相之後一時難以承受，直接休克並被送往醫院。很難想像，究竟是什麼樣的仇恨才使得趙承熙這樣大開殺戒。

隨著一系列數據的公布，整個案件的詳細內情浮出水面。4月18日下午6點30分，美國五大電視網之一的NBC電視臺在晚間新聞中公開了一段影片和一部分照片，這是槍擊案凶手趙承熙在前往諾理斯教學大樓殺人之前寄出的，由於出現了資料填寫錯誤，本應17日到達NBC紐約總部的郵件在18日才送達。趙承熙寄出的包裹裡包括一份長達一千八百字的書面宣告、一部三十分鐘的錄影以及四十三張照片。

第三章　文明的衝突—文化信仰犯罪

　　在電視臺公布的影片中，趙承熙身穿登山背心，雙手各持一支手槍，瞄準鏡頭做出威脅的表情。其中的一句話證明他殺人是有預謀的：「時間到了，今天就做，是你們讓我流血，把我逼進死胡同的，我別無選擇。」影片和照片的背景均為室內或汽車裡，根據趙承熙室友的辨認，以室內為背景的那部分照片應該是在他們宿舍的客廳裡拍攝的。

　　而在將近兩千字的宣告當中，趙承熙並沒有提及自己要血洗維吉尼亞理工大學的事，卻提到要效仿兩個人──埃里克‧哈里斯（Eric Harris）以及迪倫‧克萊伯德（Dylan Klebold）。這兩個人是八年前科羅拉多州科倫拜高中槍擊案的製造者，他們一共造成了十三死二十五傷，並且在作案後飲彈自盡。趙承熙的行為完全是在模仿這兩個人，可惜這份宣告直到槍擊案發生的第三天才被公之於眾。可是，趙承熙為什麼會對自己的同學有這麼大的仇恨呢？

　　趙承熙一家在移民之前，一直住在首爾的貧民區，生活得非常艱難。或許是因為多年努力下來生活依舊不見起色，所以懷揣著「美國夢」的一家人便決定移民到美國闖蕩一下試試，這時的趙承熙剛讀小學三年級。初到美國時，趙承熙一家住在華盛頓郊區，他的父母經營著一家乾洗店。在這一帶大約有兩千多家乾洗店，超過九成都是韓國人經營的，大概因為這是最不需要技術和英語水準，而且投資成本也最低的

一種謀生方式了吧。在這樣窘困的生活下，原本就比較內向的趙承熙變得更加孤僻了。

在美國的移民家庭中往往存在著一個相同的問題，孩子在學校屬於少數族裔，因此很難找到認同感，也很容易被一些身材高大的當地孩子們欺負。最重要的是，他們很容易被冠以一些帶有種族特性的外號，其中不乏一些侮辱性的詞彙。趙承熙的學習成績很好，好學生一般都會有一些自傲，但他的自傲在這些身材高大、家境富有的孩子當中發揮不了一點作用，因此他只能默默地忍受一切。沒有人告訴他應該怎麼去做，所以他變得越來越懦弱，而懦弱又會招來更多的欺負。當然很多時候這些行為並不是抱有惡意的，只是同齡人之間的玩笑，但年幼的小孩子並不能準確地分辨這些。一來二去就成了一種惡性循環，趙承熙開始自閉起來。

整個中學時代，趙承熙都顯得非常不合群，出於自我保護，他拒絕了所有人的靠近，甚至連上課的時候也總是低著頭。學習一門語言，多說多練無疑是非常重要的，但沉默寡言的趙承熙從來不願開口朗讀，所以他的英語中總是帶有濃濃的韓國口音，這種奇怪的發音也招來了很多同學的嘲笑。

上大學時，趙承熙一家搬到了維吉尼亞州的郊區，這裡有一處新興的在美韓國人聚居地。但趙承熙並沒有因此而變得開朗起來，反而更加孤僻了，依舊一個人獨來獨往。也有

第三章 文明的衝突—文化信仰犯罪

同學喊他一起去唱歌,但到了 KTV 之後他只是一個人喝悶酒,誰也不理。在日常上下課的時候碰上熟人,他也始終對別人熱情的招呼視而不見。就這樣,一個人吃飯,一個人行走,做什麼都是一個人,他甚至還給自己幻想出了一名虛擬的女朋友。可想而知,他的內心世界漸漸由孤獨變得更加陰冷,並且一直在這樣的內心世界裡對自己進行著折磨。

2005 年下半學期,趙承熙選修了一門詩歌課,卻總是戴著帽子和墨鏡坐在教室最後一排聽課。導師尼基・喬瓦尼教授曾數次要求他摘掉帽子和眼鏡上課,但趙承熙均未理會,而在他提交的作業當中也總是談及一些關於死亡的話題。人們原本只是以為他有些孤僻和怪異,但漸漸地,一些女生開始反映他總是在上課時偷拍女生的裙底,同時,他古怪的打扮又使得她們非常害怕,以至於很多女生都不敢來上課了。迫不得已,尼基・喬瓦尼教授只能讓趙承熙離開課堂。

很多老師都發現了趙承熙的異常,但因為他沒有表現出任何暴力傾向,所以學校無法給他提供強制性治療,他也拒絕配合老師們的幫助和輔導。年底時,趙承熙曾騷擾過一位女生,但沒有被起訴。後來,他又告訴舍友自己想要自殺,但在被送去治療中心的第二天,卻被醫生判定只有輕度的憂鬱症而再次被送回學校。之後,他保持了很長一段時間的「正常狀況」,說是正常,其實也只是恢復到以前的那種「獨

行」生活而已。

2006年的下半學期,趙承熙再次表現異常。他的寫作課作業是兩部劇本,《理察‧麥克必夫紀事》(Richard McBeef)和《布朗斯通先生》,據他的導師描述,裡面充滿了「病態的憂鬱和一些詭異的色彩」,充斥著大量的關於「流血」、「死亡」以及「凶殺」的描寫。與此同時,趙承熙還寫了大量關於死亡的文章,一位寫作班同學甚至這樣評價他:能寫出這樣作品的人,將來很可能會拿起機槍在教室裡面掃射。

而在一份精神診斷報告中也有著明顯的證據,上面寫著趙承熙現在的精神狀況很有可能對自己或他人造成威脅,並且直到趙承熙殺人的那天早上,根據室友的描述,他依舊在吃著心理醫生給他開的藥。

這樣一個病人本應得到更多的關注才對,但由於他拒絕交流以及同學們對他的恐懼,沒有人願意理會他的異常,所有人都對其報以一種冷漠的態度。同時,因為趙承熙的所有行為都不能證明他具有暴力傾向,所以學校認為沒有理由對其進行強制性治療,那份精神診斷報告也因此被棄如敝屣。

與外表的平靜不同,趙承熙的內心已經被自己所建構的那個陰冷扭曲的世界折磨得近乎瘋狂,他的理性已經快要到達臨界點了。在寄給NBC的影片當中,趙承熙像是在讀著某種宣言:「你讓我痛苦,自己卻很快樂,為了你的快樂,

第三章 文明的衝突—文化信仰犯罪

我就像腦袋裡長了癌一樣痛苦，心臟四分五裂，到現在還在撕咬我的靈魂。」他對富人也充滿了憎恨：「你們擁有了想要的任何東西，你們的賓士車還不夠嗎？你們的金項鍊還不夠嗎？你們的信託基金還不夠嗎？你們的伏特加和白蘭地還不夠嗎？所有的奢侈和糜爛都是不夠的，都難以滿足你們的享樂主義。」

在美國，公民可以利用合法手段每個月購買一把槍。於是，趙承熙在2007年的2月9日和3月13日分別購買了兩把手槍，其中一把適合練習使用，而另一把則是美國青少年犯罪團夥最喜歡使用的型號。準備妥當之後，他便開始在一家射擊俱樂部裡練習槍法。

4月16日早上5點，趙承熙像往常一樣起床，盥洗，然後出門。沒有人知道他為什麼會專門繞道殺死埃米麗·赫什爾，她的寢室並不在樓梯附近，這成為本案難以破解的一個疑點。監控影片顯示，9點01分，趙承熙出現在布萊克斯堡郵局，然後將一個郵包寄給NBC電視臺的紐約總部。他並沒有在快遞單上寫自己的名字，而是寫著「Ishmael」，這個單字在英文中的意思是「被遺棄的人」。接下來就是9點45分，諾理斯教學大樓中致命的槍聲連續不斷地響起……

【犯罪心理分析】

造成趙承熙校園槍擊案的誘因有很多，除卻他個人的心理問題之外，還有一個重要的原因就是「盲目模仿效應」，也被稱為「傳染效應」。

模仿幾乎是每個人與生俱來的本能，比方說小孩子就喜歡模仿一些電視節目當中的行為，幾個小孩在路上玩鬧的時候，其中一個會一邊比劃一邊喊著「龜派氣功」，另一個則會大聲吼道「降龍十八掌」。事實上，這種模仿行為不僅存在於小孩子身上，成年人也不例外。當一些人開始模仿自己認為不錯的行為時，「傳染效應」實際上已經開始了。

在趙承熙案中，一直以來，他在學校裡都很難合群，並漸漸從小時候的孤僻發展成了後來的自閉和精神分裂。當他對整個社會產生不信任感之後，他就會對所有人抱有最惡意的揣測，簡單來說就是「被害妄想症」。我們在日常生活中經常會見到這類人，一些本來無傷大雅的玩笑會被他們認為是人身攻擊。當趙承熙覺得整個社會都對自己充滿惡意的時候，他的報復目標就轉移到了整個社會，而他最有可能下手的目標就是自己最熟悉的群體。這也是在很多類似於趙承熙案的案件中，被害人多是罪犯身邊關係比較近的人的原因。

當趙承熙選擇報復的時候，「傳染效應」的作用就展現

第三章　文明的衝突—文化信仰犯罪

出來了。不僅是他的兩部話劇作品和一些文章，如果有人很早就開始關注他的話，會發現他對其他校園犯罪事件很感興趣。在他寄給媒體的宣告書裡曾明確提到自己要模仿埃里克‧哈里斯及迪倫‧克萊伯德，很顯然他是在知道了科羅拉多州校園槍擊案之後才產生了做出同樣行為的念頭。

隨著網際網路的蓬勃發展，各種槍擊新聞和資訊總是如同病毒炸彈一般隨時在我們身邊爆炸。每個人都會在不知不覺中受到這些資訊的影響。最可怕的是，這種影響並不是劇烈而直接的，而是潛移默化地改變著人們的思維和行事方式，甚至連我們自己都不知道已經受到了影響。對於有能力判斷是非的人來說，他們受到的影響是有限的，但對於沒有判斷能力或者判斷能力不足的人來說，這就很有可能造就一個病態的殺人狂。

類似於趙承熙的罪犯有很多，崇拜他們的人竟然也有很多，尤其是一部分青少年。他們在對趙承熙的過往有過一知半解之後就會自動地為自己的「英雄」進行美化，這造成的結果就是他們會更加崇拜自己的「偶像」，甚至把那些想像中的經歷代入自己的現實生活當中。此後，即使遇到一個微不足道的挫折，也可能會被放大到「被整個社會遺棄」的程度，其造成的危害自然不言而喻。

據媒體的不完全統計，2015 年全年，美國共發生了將

近三百六十起槍擊事件，幾乎平均每天發生一起，其中包括至少四十五起校園槍擊案，幸運的是，大多數並沒有造成人員死亡。雖然持有槍支並不能成為校園槍擊案發生的決定性因素，比如說在同樣允許普通民眾持槍的國家中，槍支管理更為嚴格的比利時與更為鬆散的泰國，比利時幾乎都沒出現過類似的校園槍擊案，泰國校園槍擊案發生的比率也遠低於美國。但是對於美國來說，禁槍卻能在一定程度上抑制校園槍擊案的發生。假如趙承熙拿的是刀，那麼至少不會造成如此大的傷亡，即便是自制的土槍，也同樣不會造成這麼多傷亡。

近年來美國發生的嚴重校園槍擊案不完全統計：

1999年4月20日，美國科羅拉多州傑佛遜郡科倫拜中學，兩名學生開槍打死十三人，打傷二十多人，然後開槍自殺。

2005年3月21日，明尼蘇達州，一名16歲學生在一所高中開槍打死七人，打傷十五人，然後開槍自殺。

2005年11月8日，田納西州坎貝爾縣中學，一名14歲中學生開槍打死一名校長助理，打傷校長和另一名助理。

2006年8月24日，佛蒙特州奇滕登縣一所小學，一名槍手在學校開槍打死兩人，打傷三人，然後試圖開槍自殺，後被警方逮捕。

第三章　文明的衝突—文化信仰犯罪

2006 年 10 月 2 日，賓夕法尼亞州蘭卡斯特縣一所社區學校，一名槍手開槍打死五名女生，然後開槍自殺。

2008 年 2 月 14 日，美國北伊利諾伊大學演講廳，一名男子向人群開槍，打死五人，打傷十八人，然後開槍自殺。

2009 年 4 月 10 日，密西根州底特律市西郊亨利・福特社區大學，一名槍手開槍打死兩人。

2011 年 12 月 8 日，維吉尼亞理工大學，一名學生開槍打死兩人。

2012 年 4 月 2 日，加利福尼亞州奧克蘭市一所大學，凶手開槍打死七人，打傷多人。

2012 年 4 月 11 日，洛杉磯南郊的南加州大學校園附近，兩名留學生在車中遭槍擊身亡。

2012 年 12 月 14 日，美國康乃狄克州紐敦桑迪胡克小學，一名男子開槍打死二十名兒童和六名成年人。

2015 年 10 月 1 日，美國奧勒岡州一個偏遠的社區學校，一名男子開槍打死十三人，打傷二十多人。

……

陳明東：華裔滅門案

2013年，紐約布魯克林區發生了一起震驚世人的華裔滅門案。其年10月26日，37歲的華裔女性李巧珍和她的四個孩子在家中被人殺害，當場被捕的重要嫌疑人竟是她丈夫的表弟。此人的情況很快被警方掌握：25歲，男性，2004年從中國來美，非法移民，生活失意。而他殘殺親屬的理由居然是「嫉妒他們過得好」。在開放的美國，移民犯案算不上多麼罕見，但辦案的紐約警察卻用「永生難忘」形容布魯克林滅門案的血腥。

紐約警方在看到案發現場的時候，全都驚呆了。「這個謀殺案，絕對不是以前大家想像中那種簡單的謀殺案，這絕對和大家之前看到的、聽到的、所能想像的是完全不一樣的。這樣恐怖的場景會深深地烙在我們的記憶之中。這是在我的職業生涯中留下深深陰影的一個謀殺現場。」這位處理這個謀殺案現場的警察所說的這段話，被當時美國的多家媒體轉引並報導。他想表達的是，案件十分殘忍，這樣一場突發災難降臨到了一個原本正常普通的家庭之中，對於這個家庭是一種毀滅性的打擊。

案件的發生地點是在紐約市布魯克林第9大道57街區，

第三章　文明的衝突—文化信仰犯罪

這邊有一個日落公園,是當地的一個華人聚集區,也是紐約主要的一個華人社區,生活在這邊的大多是當地的勞工階層。被害人李巧珍就生活在這個街區,當時她的親戚來到了她家,並急促地敲著她家的門,但不停地敲門和拍門都無人回應。當天晚上警方就接到了死者親屬的報警,當時附近執勤的警察趕到了案發現場。

當警察開啟門時,他們完全被眼前的場景震驚了,這也令被害人家屬無法接受,沒辦法相信這是真實發生在眼前的事情。李巧珍的屍體倒在了廚房裡,身旁躺著她5歲的兒子,在臥室裡還躺著三具屍體,一個1歲的男嬰、一個7歲和一個9歲的女童。臥室中的三個孩子在警察們進入現場的時候已經死亡了,警方趕緊把還有點呼吸的李巧珍和她身旁5歲的孩子送到了醫院。但是,在被送到醫院之後,他們也經搶救無效而死亡。警方稱,所有死者均被人用廚房裡的刀砍中脖子和身體。案發後趕到現場的李巧珍丈夫看到這一慘案現場之後情緒失控,嚎啕大哭。

警方在現場逮捕了一名犯罪嫌疑人,他叫陳明東,25歲。警察發現他時,他正光著腳,穿著一條牛仔褲,他的褲子和腳上全部沾滿了血跡,警察在抓他的時候,他目光呆滯,但並沒有對自己的殺人行徑感到絲毫的悔意。

當時陳明東還被稱為「尚未確定的犯罪嫌疑人」,但是,

陳明東：華裔滅門案

　　許多媒體已經認定陳明東就是真正的犯罪分子，就是這場謀殺案的凶手。但是，陳明東為什麼會殺人？為什麼會殺死這麼多人？為什麼要用如此殘暴的手段殺死這麼多人呢？

　　警方透過審訊發現，陳明東在2004年來到美國，可是他在來到美國之後，很難適應美國的生活，甚至連最基本的語言關都過不了。他不會說英語，沒法和周圍的人進行交流，甚至在審訊過程中都需要翻譯的幫忙。語言不通可能也是導致這場悲劇的原因之一。由於語言不通，陳明東感覺他是無法融入美國的，他的「美國夢」將要破滅，他來到美國之後並沒有像他想像的那樣挖到很多財富，他的生活貧困潦倒，過著漂浮不定的日子。他的生活軌跡也不停地在曼哈頓唐人街和芝加哥間變換，直到案發前不久，他的生活才算穩定下來，因為他投靠了他位於日落公園的表哥一家。

　　只是，案件的被害人李巧珍並不歡迎陳明東的到來，她很嫌棄這位比較笨又比較懶的表弟。有鄰居在案發前一晚聽到了他們家中傳出過激烈爭吵。有人說，李巧珍生前曾斥責陳明東「滾出她的家」。

　　有媒體報導，在案發前，李巧珍還撥通了丈夫的電話，想連繫丈夫，因為李巧珍已經發現陳明東的行為好像有點不同尋常。她又給在中國的婆婆打了電話，婆婆於是告訴了同樣在布魯克林生活的女兒，讓她去哥哥家裡看看具體是什麼

153

第三章　文明的衝突—文化信仰犯罪

情況。但在他們到來前,悲劇就已經發生了,陳明東已殺死了他的表嫂和幾個孩子。《紐約時報》說,殺戮如大火般撕碎了這個家庭,突然且徹底,這個家庭瞬間被肢解。

陳明東說:「他們擁有的太多,他們擁有的一切我都沒有,為什麼都在美國,我們的生活會差別這麼大?」警察班克斯稱,陳明東在審訊中還說,「自從到了這個國家,所有人過得都比我好」。陳明東嫉妒表哥一家過得比他好,這是他最主要的殺人動機,另外則有可能是出於被表嫂趕出家門的憤怒。也有媒體推測陳明東的殺人動機是「為了錢」。但其實他表哥一家也只是當地普通的受薪階級,生活很普通,收入也很普通。而陳明東自己曾在多家餐廳打工,卻屢遭開除。案發時,他是一名無業的非法移民。

美國媒體說,在審訊過程中陳明東表現出了暴力和焦躁,他曾與警員發生衝突,他在一隻手被銬在桌子上的情況下還揮拳猛擊了一名探員,並用眼鏡砸了警方翻譯。據悉,陳明東的罪名將包括一項一級謀殺和四項二級謀殺。

之前在日本的中國研修生殺人事件曾被日媒大肆報導。事件中的中國研修生因日語不好,常被就職的水產公司社長辱罵而難以忍受,最終殺死社長和另一名女性,並造成多人受傷。日本《中文導報》說,來到日本的中國研修生突然進入陌生的文化和語言環境,加上收入微薄帶來的自卑感,慢

慢進入一種缺愛和孤獨無助的狀態,無法靠傾訴舒緩痛苦,沒有找到可以排解情緒的地方,也不能用錢去消解精神的焦灼,這才會愈加痛苦。

這兩件中國人在國外製造的殺人案件,可以找到很多的共性,也是許多人在異國不得不面對的一個問題。

【犯罪心理分析】

「猴王心理」是人們都具有的一種心理:每個人在一生下來,都先天具有一種強烈的自我為尊意識,即自己是「猴王」,是最重要的,是最強的,是不容置疑的第一號人物。而且「猴王心理」是與人的焦慮反應緊密連繫的。當有人把自己當成是最重要的人或自己認可自己是最強者時,人都會表現出很喜悅、很安慰、很高興的情緒;相反,當有人不把自己當成是最重要的人,自己也承認自己確實不如人時,人也都會表現出自卑、傷心、不安、焦慮、煩躁以及恐懼等情緒,伴隨而來的往往是痛苦。

當與自己處於同一領域的競爭者在自己面前表現得十分卓越,並且自己也在心底裡認可、承認該人確實很卓越,比自己強,能夠贏得更多人的擁護和喜愛時,那麼,從這位確實很卓越的競爭者及其擁護者那裡傳送過來的資訊,以及心

第三章　文明的衝突—文化信仰犯罪

底回饋過來的資訊會告訴他自己：那位確實很卓越的競爭者才是真正的「猴王」，自己則不是！而從心底回饋過來的自己確實不是「猴王」的資訊，就會馬上挫傷其強烈「唯我獨尊」的「猴王心理」。

發現自己不如別人，不是最強的人，而是最弱、最可憐的人，這一認知會嚴重挫傷每個人的「猴王心理」。而根據「猴王心理」的特點能夠知道，被挫傷的「猴王心理」往往會伴隨著自卑、傷心、不安、焦慮、煩躁、恐懼等情緒，而這些情緒又會讓他很痛苦！他人的卓越給自己帶來的是無盡的痛苦，人的報復心理機制決定了人一定會採取措施報復該卓越者，對卓越者進行言辭傷害、人身傷害、財物破壞。事情發展到這一步是很正常的現象，除非一個人能克制住自己。

陳明東的「猴王心理」在自己與表哥一家的比較過程中受到了傷害，所以起了報復心理，他開始討厭表哥一家，當他的表嫂對他的懶惰表示出厭惡，甚至不歡迎他借住在家時，他開始產生了憤怒情緒，甚至產生了要殺死他們一家的想法和念頭：為什麼同樣來到美國，你們生活優越，有自己的工作和生活，而我沒有工作，甚至連最基本的溝通都完成不了？再加上表嫂對他的指責，這更加深了陳明東對表哥一家的嫉妒心理。

其實，陳明東可以採取回國或者是努力學習口語，努力

提高語言能力，或去華人區找工作等方式排遣情緒。當他的生活狀況得到改善後，他的嫉妒心理自然會得到緩解，由嫉妒心理導致的情緒失控也會慢慢排解，否則一旦產生了報復心理，而報復心理又戰勝了自制力時，他就會表現出失控的狀態。所以，陳明東在殺掉表嫂和孩子們時沒有表現出絲毫悔意，在面對警察時也是坦然承認這一切。

第三章　文明的衝突─文化信仰犯罪

凱西・安東尼：她是殺害女兒的凶手嗎

「你有權保持沉默，但是你所說的每句話都將成為呈堂證供。」我們經常會在美劇或者港劇中聽到這樣一句話。事實上，這句話出自美國司法程式中著名的米蘭達警告，其全文如下：「你有權保持沉默，你對任何一個警察所說的任何一句話都有可能作為對你不利的證據被呈上法庭。你有權利在接受警察詢問之前委託律師，律師可以陪伴你接受詢問的全過程。如果你付不起律師費，法庭會在對你進行詢問之前為你提供一名免費律師。如果你不願意回答問題，你在任何時間都可以終止談話。如果你希望跟你的律師談話，你可以在任何時候停止回答問題。」

2008 年 7 月 15 日，美國佛羅里達州警局接到了一通報警電話，電話當中的女士自稱辛迪。辛迪要求警察逮捕她的女兒凱西・安東尼（Casey Anthony），因為她偷走了家裡的錢和汽車。接線員放下電話後開始備案，這看起來是一件再普通不過的案子，甚至很有可能報案者馬上就會再次打來電話要求銷案。

果然，幾分鐘後報警電話再次響起，同樣來自這位名叫辛迪的女性。不過令接線員沒想到的是，辛迪並不是打來銷

案的,而是告訴警察她已經很久沒見過自己的外孫女凱莉（Caylee Anthony）了,並且她懷疑是女兒凱西‧安東尼對凱莉做了什麼。這通電話的語氣明顯不如第一通那樣鎮定,辛迪似乎有些慌亂。

接線員剛剛放下電話,第三通電話再次打了進來。這一次辛迪的語氣顯得非常慌亂,她告訴警察自己已經找到了被凱西開走的汽車,不過汽車的後車廂裡散發出一股怪味,據辛迪的描述這股味道「像是死人的味道」。聽到有可能發生了命案,警局立刻派幾名警員前往辛迪家中了解情況。自此,一個令人目瞪口呆的離奇案件漸漸呈現在人們面前。

2008年6月16日,22歲的凱西‧安東尼在與父母發生爭執後帶著僅僅2歲大的女兒凱莉離家出走。此後,凱西一直沒有主動和家裡連繫過。因為女兒和外孫女兒長期沒有消息,所以凱西的父親撥通了凱西的電話,試圖透過要求見外孫女的方式勸女兒回家。然而令安東尼夫婦不安的是,女兒凱西一直尋找各種藉口拒絕帶凱莉回家,不僅如此,她還總是支支吾吾地一次次回絕父母希望凱莉接聽電話的請求。這讓凱西的母親辛迪非常困擾,還在自己註冊的社交平台上釋出了一條心情留言,指責女兒偷走了她的很多東西,並且拒絕自己和外孫女兒見面。

就在辛迪對於女兒的行為耿耿於懷時,拖車公司突然打

第三章　文明的衝突—文化信仰犯罪

來電話，工作人員稱發現了一輛登記在他們名下的車子被遺棄在路旁。接到電話後，辛迪和丈夫立即趕往拖車公司，一眼認出這正是凱西離家出走時開走的那輛車。車子裡面異常凌亂，後車箱裡還散發出一陣陣惡臭，感覺事情不對的辛迪立刻撥通了報警電話，於是就出現了文章開頭的那一幕。

在對車子進行了全面檢查之後，警方對凱西進行了第一次訊問，凱西稱女兒凱莉早在一個多月前就失蹤了。提及凱莉失蹤的原因，凱西最開始一直避而不談，在警方的一再追問下才說出「實情」。據凱西交代，因為她在環球電影公司上班，所以僱用了一個名叫塞奈達·費爾南德斯·岡薩雷斯的保母來照顧女兒，但在 6 月的某一天，這個保母帶著她的女兒凱莉一起消失了，凱西認為是那名保母綁架了凱莉。

然而經過警方的調查，凱西根本沒有在環球電影公司工作過，而且她所說的那名保母也並不存在，只是一個虛構的名字。2008 年 7 月 16 日，也就是辛迪報警的第二天，凱西·安東尼因疏忽罪被逮捕入獄，但很快於 8 月 21 日被律師保釋了出來。

儘管凱西的父母一直幻想著凱莉或許還活著，警方卻判斷凱莉多半已經死亡。而孩子的母親凱西始終無法明確交代自己女兒的去向，同時，她提供給警方的線索也基本上都是虛假的，換而言之，自從接受警方詢問以來，她一直在不斷

凱西‧安東尼：她是殺害女兒的凶手嗎

地撒謊。

對於父母關於汽車後車箱裡的異味的懷疑，凱西一直堅稱是她在那裡放過垃圾的緣故。但是在 FBI 的協助下，警方把汽車裡面的氣味樣本帶到了美國橡樹嶺國家實驗室，實驗室透過檢測給出的結果是，那種氣味可以肯定是來源於腐敗的屍體，而不是普通垃圾。凱西眼見抵賴不過，又聲稱那或許是因為有老鼠或者其他動物鑽進了車廂死掉後留下的。

一場尋找 2 歲小女孩凱莉的志願行動悄然發起，很多人都努力地尋找一切與凱莉相關的線索，而遍尋無果的情況更加確定了警方的判斷——凱莉已經遇害了，而最大的嫌疑人就是凱莉的親生母親，凱西‧安東尼。

FBI 經過大量的調查，認為一切的跡象都指向了凱西。在凱莉失蹤之後，凱西沒有一絲女兒丟失後應有的反應，反而顯得特別輕鬆和毫不在意。自 6 月 16 日離家出走之後，凱西一直住在男友的家裡。在女兒失蹤長達一個月的時間裡，除了敷衍父母打來的電話之外，她從來不會主動提及女兒凱莉，並且如同往常一樣頻繁地出入酒吧和夜總會等娛樂場所，甚至還參加過一次持續了四天四夜的朋友聚會。更為異常的是，在凱莉失蹤之前，凱西經常會向朋友們抱怨自己的女兒，並將女兒稱作「整天流鼻涕的討厭傢伙」；在凱莉失蹤之後，她似乎如願以償，再未有過類似的抱怨。

第三章 文明的衝突—文化信仰犯罪

　　值得一提的是，在凱莉失蹤兩週之後，凱西還專門給自己刺了一個新的刺青，大意是「美麗人生」。在面對 FBI 與警方的詢問時，給凱西刺青的那名刺青師回憶，當時的凱西「顯得非常開心，在和一個人非常興奮地講著電話」。由此，FBI 至少可以推測出凱西是知道凱莉當時的實際情況的，並且她對於那種情況也非常滿意，從而進一步推斷出凱西殺死了自己的女兒凱莉。為此，警方找到了很多證據來證明這一點。

　　隨後，警方在被凱西遺棄的車子裡面找到了一縷頭髮，不論是顏色還是長度都和失蹤時的凱莉完全吻合。隨著後續的檢查，FBI 的偵查人員還在車廂裡面發現了三氯甲烷的使用痕跡，那是一種具有麻醉作用的化學藥劑，FBI 藥物專家判斷凱西正是使用這種藥劑麻醉了凱莉。雖然凱西極力否認，但 FBI 依然從她電腦的上網紀錄裡發現了有關三氯甲烷以及失蹤兒童的搜尋痕跡。

　　另外，在對凱西住處周圍的鄰居的例行詢問當中，一個鄰居聲稱凱西曾經向他家借過一把鐵鍬，但凱西並沒有對鐵鍬的用途給出明確的回答。對此 FBI 和警方很容易就聯想到了一種用途──掩埋屍體，雖然後來她又找出了很多借用鐵鍬的理由，但謊話連篇的她再也不能輕易取得警方的信任了。

儘管依舊沒有找到直接證據，但是 FBI 和警方已經堅信就是凱西謀殺了自己的女兒凱莉，只要找到凱莉的屍體就可以完全證實這一點。2008 年 10 月，凱西再一次被捕，並且以「一級謀殺罪」的罪名被起訴，此外還有虐待兒童、殺害兒童以及向警方提供虛假消息等 7 項指控。在很多人看來，接下來所要做的就是找到凱莉的屍體，然後由法庭來判定凱西的罪名成立。

2008 年 12 月 11 日，經過將近半年的搜尋，警方終於在凱西家附近的小樹林裡找到了凱莉的屍體。屍體最先由一名清潔工人在垃圾袋中發現，腐爛程度非常嚴重，面部還纏滿了膠帶。經過屍檢發現，凱莉的死亡時間確實是在 6 月中旬，這和警方的推斷完全吻合，他們更加確信，凱西是利用汽車後車箱將凱莉拋屍之後，又將汽車丟棄的。另外，警方還在凱西家裡發現了一捆膠帶，與凱莉屍體上的膠帶完全相同。經過漫長的取證和調查之後，案件終於開始進行審理了。

2011 年 5 月，距離凱西的母親辛迪報案已經過去了將近三年的時間，但各大媒體對於案件的關注並沒有消減，反而有愈演愈烈之勢。各大新聞網站都對凱西殺人案做了最為詳細的追蹤報導，不惜用長篇累牘的報導來挖掘每一個細節，成千上萬的網友也透過臉書或者推特等社群網路對案件展開

第三章 文明的衝突─文化信仰犯罪

討論。24 日,案件正式開始審理時,這種關注顯得更加熱切,CNN(美國有線電視新聞網)和 NBC(美國國家廣播公司)甚至專門對庭審現場進行了全程實況直播。

檢方律師對於這次庭審非常有信心,根據他們掌握的證據,再加上之前凱西的證詞和表現,他們堅信這次完全可以給凱西定罪。然而,辯護律師團隊卻在庭審一開始就給出了一段爆炸性的陳述。凱西的辯護律師在庭審之初就完全推翻了之前的供述,他承認了凱西拋屍的事實,卻講出了另一個匪夷所思的「真相」。

在開庭陳述中,辯護律師聲稱凱西之所以會撒那麼多謊,是為了掩蓋這樣一個事實:凱莉實際上是在凱西父母家的游泳池裡溺水而亡的。凱西承認自己用車子轉移並掩埋了凱莉的屍體,但同時也堅稱自己的父親喬治·安東尼也清楚並參與了這一過程。這樣的理由很顯然並不能取得其他人的信任,尤其是檢方。即使凱莉真的是意外身亡,掩蓋她死亡的事實依然很可能會令一場意外事故成為一次謀殺,喬治·安東尼曾經做過警察,他不會不懂得這些。

凱西緊接著又講出了另一個驚悚無比的「事實」,她表示自己之所以會這樣做,都是因為父親喬治·安東尼從她 8 歲的時候就開始對她進行性侵犯,迫於父親的淫威,她才幫忙掩蓋了女兒溺水死亡的真相。

凱西・安東尼：她是殺害女兒的凶手嗎

　　喬治・安東尼氣憤地否認了女兒的指控，事實上也沒有多少人會相信這麼離譜的解釋，大量網民都相信凱西就是凶手，並要求給她定罪。但這一點反而被凱西的律師團隊所利用，他們向法庭陳述，不能因為「民意」而給一個人定罪。在他們看來，逮捕凱西的行為已經是法律在民意的裹挾之下做出的錯誤決定。

　　凱西的行為使大多數人感到憤慨，卻依舊無可奈何。一名旁聽者因為無法忍受凱西及其律師團隊的「胡言亂語」而大喊道：「反正她也殺人了。」卻因此被判處兩天的監禁。人們只能期待法庭做出公正的判決。然而接下來的庭審卻讓很多關注者目瞪口呆，他們眼睜睜地看著一個真正的殺人犯成功脫罪，在這一過程中，美國的很多法律條文都為凱西提供了可以鑽的漏洞。

　　此後，檢方的證據一項項被辯方律師駁倒。首先是綁在凱莉身上的膠帶上並沒有發現凱西的指紋，所以辯方律師認為這並不能作為凱西殺人的證據；至於汽車後車箱中發現的一切證據，都隨著凱西對於自己父親的指控而失效。儘管沒有人相信凱西的辯解，但他們同樣也無法證明凱西說的不是真的。

　　關於凱西前後多次說謊的事情，本文開頭的米蘭達警告則為她提供了最好的保護，說謊只能證明她的人品有問題，

165

第三章 文明的衝突—文化信仰犯罪

而不能證明她有罪。米蘭達警告當初就是以極為微弱的票數優勢透過稽核並開始實行的，該警告曾多次提供了犯案者「過度保護」而使罪犯逃脫了法律的制裁。在這項警告的保護下，高明的律師可以幫自己的當事人隨時隨地推翻之前的一切供述。

最後，檢方只能寄希望於發現凱莉屍體的現場，但這裡的證據同樣被判作無效。在十多年前轟動一時的辛普森殺妻案中，警方為了給辛普森（Simpson）定罪甚至受到了「故意將嫌疑人血液樣本灑在案發現場」的指控，因此，後來的法律中明確規定：不是「維持原樣」的案發現場不能作為定罪的參考。這就是美國司法極為注重的三項原則：無罪推定、程式正義和直接證據。

事實上，從 5 月 24 日開庭一直到 6 月 15 日休庭，檢方所拿出的證據都只是一些間接證據，並不能直接證明凱西就是凶手，再加上本案沒有目擊證人，所以沒有任何直接證據可以證明凱西有罪。也正是因此，檢方的一切結論都是在凱西「有罪」的基礎上進行的推測，這違反了「無罪推定」原則。

唯一對檢方有用的有關於凱西搜尋三氯甲烷的證據，則因為一個看起來更加荒誕的理由而失效了：因為前後兩次對於凱西搜尋三氯甲烷資料的次數紀錄有出入，分別是八十多

次和一次,辯方律師認為警方在開始取證的時候違反了「程式正義」原則,所以申請這項證據無效,法庭竟然准許了。

在美國,法官沒有定罪權,只有量刑權,所以能夠給凱西定罪的只有陪審團,但陪審團的原則卻是捍衛司法程式的公正。再加上凱西的律師以當地媒體的過度報導容易引起誤解為由,迫使法庭不得不使用外地的陪審團。結果就是在面對謀殺指控的時候,所有陪審員無一例外地投了「無罪」票。畢竟檢方沒有任何直接證據,在這種情況下,再合情合理的推斷都不能作為定罪的依據。

2011年7月5日,法庭最終宣判,對凱西的指控中包括一級謀殺在內的罪名全部不成立,唯一成立的罪名只有向警方提供虛假消息這一條。2011年7月16日,凱西·安東尼被釋放。

【犯罪心理分析】

美國凱斯維斯頓法醫精神病學中心主任菲利普·雷斯尼克博士曾經對一百五十五位父母殺害自己子女(主要是母親實施殺人行為)的典型案例進行了多角度的綜合性分析。作為父母殺死子女研究方面的頭號專家,他從犯罪的動機分析出發,總結出母親殺人者的五種動機,它們分別是:

第三章 文明的衝突—文化信仰犯罪

(1) 利他殺人（altruistic filicide），出於這種動機的殺人者為了不讓自己的孩子受苦而選擇殺死他們；

(2) 精神病殺人（acutely psychotic filicide），殺人者在幻覺和妄想中將自己的孩子殺死；

(3) 遺棄殺人（unwanted child filicide），殺人者認為自己的孩子不應該出生，或者孩子的存在影響到了自己的生活：

(4) 失手誤殺（accidental filicide），父母本不想殺死自己的孩子，但在打孩子或者虐待孩子的過程中沒有掌握好分寸，失手將孩子殺死；

(5) 配偶復仇殺人（spouse revenge filicide），夫妻的一方由於對另一方心存不滿或為了懲罰對方，選擇殺死兩人的孩子來對另一方進行報復。

在凱西殺女案中，雖然凱西最終被宣判殺人罪不成立，但她在明知女兒失蹤甚至死亡的情況下仍與好友夜夜狂歡，沒有及時報案，還向父母和警察撒謊，試圖隱瞞事實真相，這些行為都是其無法否認的。凱西平時常向好友抱怨自己的女兒不好，極有可能是因為女兒影響了自己的生活交際，所以想將自己的女兒殺害，從此過上悠閒快樂的生活，這一條符合母親殺人者中遺棄殺人的動機。

值得欣慰的是，終局裁決並不意味著本案的徹底結束。為了不重蹈覆轍，美國已經有超過十二個州醞釀立法，要重

> 凱西・安東尼：她是殺害女兒的凶手嗎

罰那些小孩失蹤卻不及時報案的家長或者監護人。凱西殺女案還引發了美國各界對於陪審制度的深刻反思。人們提出，左右陪審團判斷的往往不是犯罪事實，而是其他一些和事實無關的因素。阿什頓檢察官至今仍不能坦然接受判決結果：「既然法律賦予陪審團權力，他們卻做出了凱西無罪的裁判，我們就必須尋找特定的理由來接受它、消化它。未來的歲月裡，我們所能做的就是將心中的憤怒化作其他正向的舉措。」

這起案件深刻地反映了美國的司法制度與道德輿論之間的關係。司法制度是如同鐵律一般的存在，而所謂的社會輿論又總是代表著社會公眾的道德情感與價值判斷。於是，更為常見的社會現實是：法律是一回事，道德又是另一回事；而一個道德上的壞蛋，並不必然成為法律上的罪犯。誠然，法律是維護社會道德的重要手段，但最終的法律判決往往依據的是客觀證據和事實，而不是大眾的主觀道德與判斷，更不能憑藉情感上的想像和推理去做最終的宣判。

可見，美國法律有著獨立的運作邏輯、制度和原則，其對於「趨善」、「求真」的追求，不僅基於現行的憲法制度，更實打實地落在陪審制、無罪推定、程式正義和直接證據等具體制度與原則上。一旦與其相違背，那麼判決的標準就是「寧可錯放三千，也不冤枉一個」。可以說，正是這一系列具

第三章　文明的衝突—文化信仰犯罪

體制度和原則的存在，才保障了法院判決不會過多地受到社會輿論的干擾。

　　當然，事物都具有其兩面性，這種法律對道德的長期漠視也令所有涉案人付出了巨大的代價。首先是嫌疑人凱西與自己的親生父母完全決裂，同時還面臨著來自媒體與社會公眾源源不斷的道德指責和怨恨，甚至還收到了死亡威脅；其次，涉及本案的一些陪審員也備受牽連，承受著來自親朋好友、同事、鄰居的孤立、指責和威脅謾罵，嚴重影響了正常的工作和生活。就這一場訴訟而言，似乎除了司法制度之外，沒有真正的勝利者，甚至可以說，其他的都成了完敗者。這不禁令我們對法律本身日益變得貧乏與空虛而產生深深的憂慮。

黑人馬丁被槍殺案：法律與民意的較量

如何判斷一個人是好人還是壞人？每個人都會根據自己的好惡和道德標準對此做出判斷。在美國，時常會有一些民眾認為是壞人的罪犯在庭審當中被無罪釋放，所以人們會強烈抗議審判的結果。但人們從來不會因此而蔑視法律，因為他們知道，法律如果想要判定一個人是否有罪，就必須能夠明確地證明這個人做了什麼，而不是憑藉某個人或者某些人感覺他做了什麼。

2013年7月13日，經過陪審團漫長的討論，佛羅里達州法庭就黑人青年馬丁（Trayvon Martin）被槍殺一案做出了最終判決，被告齊默爾曼（George Zimmerman）被無罪釋放。這是一起比當年的總統大選更加引人矚目的案件，審判的結果一經釋出，全美超過一百個城市中掀起了規模不等的示威活動。很多人對審判結果不滿意，他們試圖透過請願的方式讓司法部部長開始民權調查，但沒有人藉此去攻擊美國的司法體系，也沒有人去「人肉」陪審團成員，更沒有某些影響力大的公眾人物把自己放在道德的制高點上堂而皇之地挑戰整個社會的穩定秩序。因為他們都知道要敬畏法律，畢竟法律講的是證據，而不是個人好惡。

第三章　文明的衝突—文化信仰犯罪

　　這起轟動全美的案件要追溯到 2012 年年初。2012 年 2 月 26 日，黑人少年馬丁從商店裡走出來，打算去拜訪他的父親及其未婚妻。伴隨著一聲槍響，17 歲的馬丁倒在了陰雨綿綿的暗夜裡。警方迅速趕到案發現場，並且逮捕了開槍者——一名祕魯裔與白人混血的男子齊默爾曼。但在幾個小時之後，這名開槍的男子就被無罪釋放了，警局給出的理由是：「沒有明確證據證明這是一起犯罪事件，所以不構成逮捕條件。」

　　這無疑是一則很有價值的新聞，在媒體看來，他們當然可以讓這則新聞更加轟動一些。於是，隔天的新聞報導中就出現了「黑人少年被槍殺，開槍者無罪釋放」之類的文章。當這樣的報導成功引起民眾的興趣之後，新聞的標題索性被修改成了「黑人青年被白人無故槍殺」。這樣的新聞必然更加引人注目，在美國，黑人和白人之間的矛盾是最容易引起社會廣泛討論的話題。

　　於是，一個故事的雛形出現了。某個下雨天的晚上，一位黑人青年在回家的路上被誤認為有犯罪嫌疑，所以被開槍射殺，但開槍者卻沒有被追究任何責任。在媒體的精心操作下，輿論被導向了一個注定會長時間受關注的話題——「黑人與白人」。事實上，開槍者齊默爾曼並不是一個純種的白人，而是一位有白人血統的混血人，但情緒激動的圍觀民眾

們並沒有留意這一細節,或者說這一細節在刻意的引導之下被眾人忽略了。

案件一經曝光,更多的細節又出現在公眾的視野當中,一份經過剪輯的錄音出現在網上,那是開槍者齊默爾曼在開槍之前的報警電話錄音。錄音中,齊默爾曼告訴接線員他在跟蹤一個看起來像是吸毒者的青年,其中有很關鍵的一句話:「他看起來是個黑人。」正是這句話成了齊默爾曼種族歧視的證據。根據後來曝光的完整錄音來看,只是因為當時的接線員詢問齊默爾曼,對方是什麼膚色的情況下才有了上面的回答,但在 NBC 公布的錄音當中這一部分內容被剪掉了,他們在試圖引導黑人和白人之間的對立情緒。

消息曝光之後,網上出現了大量的民眾請願,他們認為齊默爾曼不應被無罪釋放,請願人數甚至超過了數百萬。於是迫於民意,齊默爾曼再次被警局逮捕,在這個過程當中,佛羅里達州警局的前局長認為這次逮捕是「為了安撫民眾,而不是為了追求公正」。他本人也因拒絕執行逮捕任務而被撤職。

齊默爾曼第二次被逮捕之後,關於他是否有罪的問題,控辯雙方進行了激烈的交鋒。司法部門知道,一旦涉及種族歧視問題,那麼案件將會變得無比複雜,所以,偵辦此案的第一個要點就是明確齊默爾曼是否具有種族歧視傾向。為

第三章 文明的衝突—文化信仰犯罪

此，FBI 進行了大量的調查，調查的結果卻與人們最初的判斷不同，他們並沒有發現齊默爾曼具有種族歧視的傾向。

雖然在之前的錄音中，齊默爾曼在形容馬丁時使用了很多帶有貶義的詞彙，比如說「惡棍」和「混蛋」等；但也有人證明齊默爾曼曾幫兩個父母入獄的黑人孩子輔導過功課，甚至還因為黑人流浪漢被打而向警局提出過抗議。這些都證明，身為社區安全事務協調員的齊默爾曼只是在盡自己的職責，而不是歧視黑人。

同時傾向於齊默爾曼的言論也漸漸出現。根據法醫的鑑定，馬丁的血液中含有大量吸食過大麻的殘留物，而當天他之所以會出現在那裡，也正是因為攜帶大麻而被學校停課。除此之外，馬丁放在社群網路上的照片，大多數是在吸食大麻或者展示槍支，還有一些不文雅的手勢動作。這些證據間接證明了齊默爾曼對馬丁的懷疑不是沒有道理的，在當時的報警錄音中齊默爾曼曾清楚地表示，自己發現了一名疑似吸毒者的青年。雖然當時他並不在執勤狀態，但作為一名安全事務協調員，人們並不能因此而質疑其行動的動機。

雖然關於種族歧視的論調貫穿了整個案件的始末，但法院已經做出了最正確的判斷，整個案件的討論不涉及任何關於種族歧視的問題，畢竟沒有任何證據可以證明這一點，所以不能因為齊默爾曼殺了一個黑人就認定其具有種族歧視傾

向。與此相對應的是，馬丁過去的經歷也一概以「與案情無關」為理由被禁止作為庭審的證據出現。

那麼剩下的問題就只有一個了，齊默爾曼的行為是否屬於違法行為。控辯雙方從正當防衛和蓄意謀殺兩個角度再次展開了激烈的辯論。出乎意料的是，齊默爾曼的辯護費用在社會捐款的支持下竟然高達一百萬，顯然有不少理智的人看出了在媒體的刻意引導之下，全國輿論已經出現了一邊倒的局面。為了避免輿論影響司法公正，齊默爾曼必須有足夠的錢去請律師。

2012 年 4 月 11 日，齊默爾曼被檢方以二級謀殺罪的罪名起訴。控辯雙方都在試圖透過各種手段來還原一個對自己有利的「真相」。

首先是齊默爾曼自己的供詞，2 月 26 日晚上並未輪到齊默爾曼執勤，他只是在開車路過的時候看到了一個可疑的陌生人。「這個人穿著連帽衫」並且形跡非常可疑。由於他並沒有因為下雨而快速往自己的目的地前進，而「總是躲在別人家的屋簷下向裡面張望」，心生疑竇的齊默爾曼透過進一步觀察發現，這個陌生人的身體在「不自然地抖動，就像是吸毒了一樣」，所以他迅速撥通了報警電話，這一時間為晚上的 7 點 09 分。在報警的過程中，馬丁似乎發現了正在注意自己的齊默爾曼，並且採取了一些行動，所以警局的接線員才會聽

第三章　文明的衝突—文化信仰犯罪

到齊默爾曼的咒罵：「這些混蛋總是逃得很快。」根據錄音，接線員聽到了開車門的聲音，所以她詢問齊默爾曼是否在跟蹤可疑人員。得到肯定的答覆後，接線員向齊默爾曼提出建議：「你不需要去跟蹤他。」這一時間為 7 點 15 分，電話隨之中斷。兩分鐘後警察趕到了現場，馬丁已經死亡。齊默爾曼承認開槍的人就是自己，但表示自己完全屬於正當防衛，因為馬丁襲擊了他。

檢方則對齊默爾曼關於正當防衛的說法提出了反駁，他們認為被告是蓄意殺人，並且給出了自己的理由。在齊默爾曼槍殺馬丁的三週之前，齊默爾曼同樣報警稱自己發現了一個形跡可疑的黑人在圍著一棟房子四處觀察。當時的接線員同樣要求他不要去跟蹤對方，但當警察趕到的時候，那名黑人男子已經跑掉了。這也是齊默爾曼會在當天的報警電話中說「這些混蛋總是逃得很快」的原因。事實證明，齊默爾曼的懷疑是正確的，幾天之後那戶人家就遭到了盜竊，而竊賊正是那天他覺得可疑的那個黑人男子。檢方律師認為正是上一次被可疑人員跑掉的挫敗感，導致其在馬丁一案中產生了報復和挑釁的心理，所以他沒有聽從接線員的建議停止跟蹤，而是蓄意要殺掉馬丁。

而檢方之所以如此自信還有另一個原因，他們找到了一個足以給齊默爾曼定罪的關鍵「證人」。一個自稱是馬丁朋友

的女人聲稱,馬丁在遇害之前的幾分鐘正在和自己通話。她告訴法官,馬丁當時告訴她有個白人在跟蹤自己,並且她還聽到了馬丁的呼救聲。

但是,令檢方自信滿滿的證人在隨後的交叉詢問中突然原形畢露,滿嘴謊言的她被法庭一致認為不可信。關於她的身分和年齡等一切資訊都是假的,甚至在辯護律師要求她朗讀一份據說是她寫給馬丁媽媽的信件時,她先是表示字跡潦草自己無法辨認,然後又突然宣稱自己不識字,而這封信恰恰是證明她是馬丁朋友的關鍵證據。更為重要的是,她宣稱和馬丁通話的時間正好也是齊默爾曼報警的時間,如果她能聽到齊默爾曼的質問和馬丁的呼救,那麼警局的接線員沒有道理聽不到,可事實上接線員什麼也沒有聽到。證人被證明不可信,檢方試圖給齊默爾曼定罪的第一輪攻勢徹底失敗了。辯方律師對此提出了含蓄的警告:「不要對沒有證明的事情進行隨意的猜測。」

此後,檢方試圖透過另一種方式來證明齊默爾曼蓄意殺人,那就是證明兩人之所以發起衝突是因為齊默爾曼首先進行了挑釁。但要證明這一點顯然很困難,因為當時正在下雨,而且已經到了晚上,所以為數不多的目擊證人當中,沒有人能夠證明是誰先動手的。於是檢方開始另闢蹊徑,在網上曝光了當事人的照片,其中齊默爾曼的照片是七年前拍

第三章 文明的衝突—文化信仰犯罪

的,雖然很瘦,卻顯得很精神;而馬丁的照片則是其 12 歲時拍的,看上去還是一個稚氣未脫的孩子。照片的對比,很容易給人們造成馬丁根本打不過齊默爾曼的印象,既然不會受到致命威脅,那麼齊默爾曼開槍就完全沒有必要,就是蓄意謀殺。

但後來發生的事情對於檢方來說幾乎可以用「打臉」來形容了,因為那些照片都是很多年之前的。就案發當時而言,馬丁因為從小酷愛橄欖球,已經長成一個身材高大而壯碩的青年;而與之相反的是,齊默爾曼因為身體發福導致體能下降,據他的健身教練表示,齊默爾曼此時的格鬥能力基本為零。

給出致命一擊的是一位目擊證人的證言,他表示自己曾看到齊默爾曼和馬丁搏鬥,其中一名身著黑色衣服的男子使用了非常專業的摔跤技巧。而案發當天穿黑色衣服的人正是馬丁,齊默爾曼穿的則是紅色外套。第二輪交鋒的失敗者依然是檢方,他們為了減少負面影響而不得不淡化己方證人的證詞。

第三輪的交鋒再次開始,焦點依舊集中在是正當防衛還是蓄意殺人上。檢方試圖從兩個人身上的受傷程度來證明這並不是正當防衛,這一過程持續了長達半年之久。經過鑑定,事實上除了馬丁身上那致命的一槍之外,兩人身上都是

一些無關緊要的輕傷。齊默爾曼頭上的傷口看起來雖然嚴重，但在案發當晚他只是在現場進行了簡單的包紮就離開了，甚至都不需要去醫院。從受傷的程度來說，兩人之間的打鬥並不激烈，即便是打不過，那麼齊默爾曼完全可以逃跑，而沒必要殺人。

為了證明這一點，檢方提出了大量的證據，但案情的發展卻有了出乎預料的轉變，除了一成不變地強調種族歧視的部分民眾之外，大多數出庭的證人都開始為齊默爾曼脫罪。法醫、心理學家、自衛培訓專家、FBI的音訊辨識專家以及行為分析專家、佛羅里達州警局的指紋分析專家等一大堆專家出席了庭審，這些人的出現不是為了證明齊默爾曼行為的合理性，就是為了找出檢方證據的漏洞，檢方律師為齊默爾曼編織的「定罪網」被撕扯得千瘡百孔。

就在一切即將塵埃落定的時候，檢方似乎又找到了最後一張王牌。在雙方的格鬥實力上面，既然馬丁可以完全壓制齊默爾曼，那麼齊默爾曼就應該根本沒有開槍的機會，因為在法醫的鑑定中，開槍時雙方的距離非常近，僅僅有幾公分的距離。而齊默爾曼之所以有機會開槍，正好可以證明馬丁已經放棄了對齊默爾曼的控制，也就是說開槍是齊默爾曼在脫離危險之後採取的報復性行為。面對這樣的指控，辯方找到了一個更加權威的證人──一個解剖過近萬具屍體的創傷

第三章 文明的衝突—文化信仰犯罪

學專家。這位專家對檢方提出的質疑一一進行了解答，結果就是齊默爾曼的證詞完全屬實。

第三輪交鋒的失敗者依舊是檢方，他們已經失去了一切可以成功反擊的手段。參加過庭審的一家媒體曾經這樣報導：檢方律師已經沒有任何可以給齊默爾曼定罪的證據，他們只能「揮舞著一張死者的照片，然後喊著一個孩子死了，我們必須給凶手定罪，你們必須認為他說的一切都是謊言」。但就事實而言，檢方卻拿不出一項可以完全成立的罪名，甚至連防衛過當都無法成立。因為根據眾多專家的意見彙集，齊默爾曼當時完全可以感受到死亡的威脅，儘管事實上他並沒有受到足以致死的傷害。而按照法律來講，齊默爾曼的行為是合理而且合法的。在最後一次庭審中，檢方試圖博取同情的手段也被辯方律師毫不留情地給予了回擊：「你們無權根據猜測和想像給一個人定罪。」

看起來，這似乎是一場不平衡的辯護，因為辯方只要證明齊默爾曼有正當防衛的可能就行，但檢方如果想要給其定罪，就必須排除一切有關正當防衛的可能。根據美國法律的規定，只要陪審團當中有一個人認為齊默爾曼有正當防衛的可能，甚至都不需要去證實，那麼法庭就必須將齊默爾曼無罪釋放。對檢方來說，這無疑是一次最失敗的起訴。

在法庭宣判之後，輿論再一次發生了轉變。從美國總統

到陪審團再到一般民眾，似乎每個人都對這樣的結果心懷不滿，但是他們沒有能力去證明齊默爾曼有罪，所以只能將他無罪釋放。

【犯罪心理分析】

現如今，「民意」一詞似乎常常會被濫用，並且不只表現在所謂「玩弄民意的當權者」手中，更多見於日漸懂得使用「民權」的普通人身上。當一個人突然明白了自己所擁有的權利之後，他往往會不由自主地「濫用」到手的權利，尤其是當這種權利不受限制的時候。

本案中，馬丁本來是以被害人的身分出現的，但伴隨著調查的不斷深入，一個與人們想像中完全不同的馬丁出現了，打架鬥毆、吸毒、曠課等行為直接令大多數人把馬丁定義成一個不可救藥的小混混。如果最終證實了齊默爾曼是故意殺人，那麼起碼還算是還了馬丁一個公道，但事實是到了最後依舊無法證明什麼，反而引起了美國黑人和白人的對立，甚至差點再次導致整個社會的撕裂。更為諷刺的是，雖然無法證明齊默爾曼到底是不是故意殺人，但唯一可以肯定的一點是，齊默爾曼絕對不是一位種族歧視者。

馬丁案被曝光以後，民眾請願進行「民權審查」，以期可

第三章 文明的衝突—文化信仰犯罪

以求得整個案件的真相,這是「民意」的正確使用方法。而在司法部開始重新審查此案後,當大量的民眾不顧實際情況,只是自顧自地表達自己想像中的「真相」,並且還要求根據自己的想像做出判決時,這就屬於「民意」的濫用了。事實上,在這場浩浩蕩蕩的運動中,原本的目標一個也沒有達成:所謂「馬丁的公道」不僅沒有被討回,反而使原本同情馬丁的人因為知道了他的過往而不再同情他;齊默爾曼的境況也沒有好到哪裡去,他需要長時間地生活在別人的威脅之下,如果他當時真的只是出於正當防衛才失手殺人,那麼這樣的結果同樣成了「民意」濫用造成的不公。

儘管最終的庭審讓大部分人都覺得不滿意,但佛羅里達州法庭和美國司法部的決定依然是最正確的。不同於中國的成文法,美國具有大量的判例法。如果此次在無法證實其罪的情況下齊默爾曼被判了刑,那麼此後的法官只要依據本次判例,「莫須有」的罪名就會化為一柄鋒利無比的達摩克利斯之劍,時時刻刻高懸在每一個美國公民的頭頂。

第四章
膨脹的慾望 —— 侵犯財產犯罪

　　所謂物欲型犯罪，是指犯罪人為了滿足其物質需求，使用非法手段侵犯他人財物或公共財物的犯罪行為。這是以犯罪動機來區分的一種犯罪類型，又被稱為利慾型動機犯罪或者貪利型動機犯罪。犯罪客體則主要是財產關係，小到盜竊，大到貪汙，包括搶劫、搶奪、詐騙、敲詐勒索、走私、受賄、製毒販毒等在內的財產犯罪和經濟犯罪都屬於物欲型犯罪。

第四章 膨脹的慾望—侵犯財產犯罪

引子：物欲膨脹與犯罪

所謂物欲型犯罪，是指犯罪人為了滿足其物質需求，使用非法手段侵犯他人財物或公共財物的犯罪行為。這是以犯罪動機來區分的一種犯罪類型，又被稱為利慾型動機犯罪或者貪利型動機犯罪。犯罪客體則主要是財產關係，小到盜竊，大到貪汙，包括搶劫、搶奪、詐騙、敲詐勒索、走私、受賄、製毒販毒等在內的財產犯罪和經濟犯罪都屬於物欲型犯罪。可以說，物欲犯罪是全世界大部分國家和地區中當之無愧的犯罪「高地」，穩居犯罪數量的頭把交椅。

物欲犯罪大多源自人類內心的貪婪和極差的自控力。事實上，在日常生活中，很少有人能憑藉薪水等合法收益，做到完全滿足自己的物質需求。但對於大多數人來說，他們願意利用自己有限的合法收入，選擇性地滿足一部分需求，然後憑藉自控力來抑制某些不合理、不理性的物質需求。概括而言，就是根據自己的收入來決定自己的支出，而不是根據自己的慾望來決定自己的支出。但也有一部分人無法控制自己的貪慾，一味地滿足不合理需求，這就使得自己的合法收益變得捉襟見肘，從而產生邪念，走上犯罪的道路。

但丁（Dante）在《神曲》（*Divine Comedy*）中列舉了人的七

引子：物欲膨脹與犯罪

宗罪，分別是色慾、暴食、貪婪、怠惰、憤怒、嫉妒以及傲慢。事實上，在人類的犯罪動機當中，貪婪才是最為活躍的一個，其出現的頻率遠高於嫉妒、性慾、信仰等其他犯罪動機。當然，也存在個別物欲犯罪者因自身的合法收益無法滿足基本生活需求而不得已實施犯罪的行為，例如新聞報導中曾有「丈夫搶劫為妻子籌集醫療費用」之類的案例，這在某種程度上是值得同情的。

但對於大多數物欲犯罪者來說，他們之所以犯罪並不是源於自身的基本需求，而是貪圖享樂和奢靡的生活。一個家境貧寒的人非要讓自己在物質生活上與那些富商巨賈們比肩，這在正常情況下顯然是無法立刻實現的。正向的做法當然是透過不懈努力讓自己也成為富有的人，負面的做法就是不願意付出和不願意辛苦努力，妄想不勞而獲，從而一失足成千古恨。

造成物欲犯罪的原因有很多，總結起來不外乎主觀與客觀兩種，上面所講的貪婪就是主觀因素當中最重要的一點。至於社會資源分配不均之類的客觀因素就更多了。有些人可以住豪華別墅，開幾百萬的超級跑車；有些人卻勉強維持自己的溫飽，甚至在生死線上苦苦掙扎。如果把社會總財富比作是均勻撒在大地上的雪花，那麼個人財富就是一顆顆被滾起來的雪球。大雪球總是更容易變大，小雪球卻總是戰戰兢

第四章　膨脹的慾望—侵犯財產犯罪

競，一方面小雪球變大的速度極為緩慢，另一方面小雪球又得小心翼翼避免自己被周圍滾過的大雪球所吞併。而當大雪球和小雪球長期並行的時候，小雪球自然就會心生不滿，大雪球也難免會自驕傲慢，仇富心理由此而來。

很多人會辯稱自己不是仇富，而是仇為富不仁。但在人們的潛意識當中，「富」本身就代表著「不仁」。小雪球想要透過正常方式成長到大雪球的程度，顯然比較困難，它需要更快地滾動，也需要有更廣闊的雪地讓自己不斷成長壯大。而一旦這些正常的方法行不通或者成效太緩慢時，它就可能會採取一些不被允許的方法，比如說吞併其他更小的雪球，又或者在大雪球的必經之路上放置一塊石頭，讓它撞得四分五裂，好趁機壯大自己。而小雪球們一旦嘗到了這種非法操作的甜頭，就會在犯罪的道路上一發不可收。

人們的價值觀當然會受到經濟、文化、教育、政治等多重因素的影響。如果一個人從小接受的價值觀就是「君子愛財，取之有道」，那麼即便內心的貪婪再活躍，也會被他控制在一個有限的範圍之內；而如果他從小接受的教育就是「想要就必須得到」，那麼慾望一旦萌發，就會被無限地放大，直至不擇手段地令其得到滿足。可見，人生長的環境因素尤其重要，如果一個孩子從小就目睹自己身邊的人為了些許蠅頭小利爭吵不休，又沒有人來給他灌輸正確的價值觀，那他就

引子：物欲膨脹與犯罪

很可能會成長為一個貪婪的人、一個無法自控的人。

　　同時，社會中的普遍價值觀也是影響因素中極為重要的一環。比如當今社會的女性穿熱褲、吊帶背心上街已經是司空見慣的事情，而如果放在一百年前，那就是一種嚴重的不道德，甚至會觸犯法律的事情。所以，如果社會中普遍存在著享樂主義、拜金主義的思潮，那麼身處其中的個人也很容易變得貪婪起來。可見，想要減少物欲型犯罪，需要整個社會的共同努力與全面推進。

第四章 膨脹的慾望─侵犯財產犯罪

康拉德‧茲德茲拉克：變裝搶劫案

隨著科技的蓬勃發展，警方預防和打擊犯罪的手段也在不斷更新，光是遍布大街小巷的監控鏡頭就已經使得大部分「蟊賊」無所遁形。但正所謂「上有政策，下有對策」，為了躲避幾乎沒有死角的鏡頭，大部分罪犯在作案之前都會給自己變裝。比如說穿更厚的衣服，讓自己看起來比平時更加健壯；穿不容易引人注目的外套，把自己的頭部和臉嚴實地遮蔽起來；甚至有些作案者會「著異裝」，故意打扮成異性的樣子來迷惑警方。這些常見的手段已經夠讓警方「眼花撩亂」的了，但之前發生在美國的一起搶劫案再次重新整理了人們的觀念。不能不令人感慨，犯罪分子們在絞盡腦汁躲避警方追捕的過程中，總是有著無窮的「創造力」。

2010年4月9日，美國俄亥俄州斯普林代爾市上演了一場離奇的連環搶劫案。當天，斯普林代爾警局的電話急促地響起，報警人稱一名黑人男子剛剛搶劫了一家銀行。警方接到報案之後立即趕往現場，但是劫匪已經逃之夭夭，沒有留下任何蹤跡。就在警方準備展開搜捕的時候，報警電話再次響起，稱又有一家銀行遭到了搶劫，犯人也是一名黑人男子……

> 康拉德・茲德茲拉克：變裝搶劫案

　　短短的三個小時之內，一共有四家銀行和一家藥店共五處場所遭到搶劫。起初警方以為是團夥作案，但在仔細對比了五個案發地點的監控影片之後，警方很快得出了結論：犯案者只有一個人，而且是一名身材高大的「非洲裔」。因為這名犯罪分子根本沒有對自己的容貌做任何掩飾，所以警方很容易就掌握了其外貌特徵——禿頂、沒有鬍子。雖然警方和FBI的檔案庫裡並沒有這個人的案底，但警方相信只要發出了通緝令，應該很容易得到公眾的線報。

　　然而事情的發展大大出乎警方的預料，時間一天天過去，根本沒有任何符合罪犯外貌特徵的嫌疑人被舉報。這個人似乎在搶劫的時候憑空出現，搶劫之後就消失於無形。案件的調查一時間陷入僵局。

　　4月21日，斯普林代爾警局接到線報，有人在一家汽車旅店旁發現了一輛非常奇怪的富豪汽車。該車的車廂內部濺滿了一種紅色液體，舉報者認為那很可能是銀行防盜專用的紅色墨水。除此之外，車後部的座椅上還扔著一個銀行現鈔包裝袋，那種袋子很好辨認。雖然沒有接到任何有關「禿頭黑人大盜」的線索，但警方判斷這輛車很可能和4月9日的連環搶劫案有關。

　　經過調查，該車的車主是一名30歲的白人男子，名叫康拉德・茲德茲拉克，此時就住在這家汽車旅店中。由於警

第四章　膨脹的慾望—侵犯財產犯罪

方並沒有接到丟失汽車的報案,所以儘管作案嫌疑人是一名「非洲裔」男子,但警方仍然有理由懷疑康拉德和劫匪有著某種連繫,甚至可能是專門接應對方的同謀。

為防止走漏風聲,警方突擊搜查了康拉德的住所,破門而入後,將藏在洗手間裡面的康拉德逮個正著,同時在房間裡找到了大量現金,與失竊贓款的數目完全一致。此時已經可以肯定,康拉德和4月9號的搶劫案有關係了。然而隨著搜查的不斷深入,一些令警方吃驚的東西被找了出來——一副幾乎能夠以假亂真的黑人面具,還有一雙模擬黑人手套。

在後來的審訊中,康拉德向警方交代了實情。早在同年3月,康拉德就犯下了第一起銀行搶劫案,還曾因非法私藏武器被捕,但不久之後,他在繳納了足夠的保釋金後就被釋放出獄了。

出獄後的康拉德一直在精心策劃下一次作案。一個偶然的機會,他在當地的一家道具商店裡發現了一款名為「演員」的「好萊塢級」模擬矽膠面具。該面具製作精良,模擬度極高,無論是質地還是紋理都和真人無二,雖然售價高達450英鎊,但他也由此得到了新的作案「靈感」。為了與模擬面具配套,康拉德又專門購買了一雙矽膠黑人皮膚手套。由於這款面具可以直接覆蓋到頸部,再加上逼真的手套,在搶劫中受到脅迫的出納員完全沒有意識到自己身邊的「黑人大盜」其

實是一個戴著面具的白人。

在 4 月 9 日當天，康拉德就是戴著這副面具搶完一家銀行後，跑到無人的地方摘下面具，再跑向下一個作案地點，如此完成連環作案，令警方在追捕時沒能發現其絲毫蹤跡。如果不是銀行現金袋中的防盜墨水自動爆炸，再加上康拉德因為大意而沒能及時處理涉案車輛，那麼這起連環搶劫案很可能就會成為一宗懸案。

無獨有偶，白人可以變裝成黑人作案，黑人同樣也可以變裝成白人為非作歹。

2013 年 7 月 30 日，紐約警方透露了一起同樣離奇的搶劫案，三名黑人易容成白人搶劫了一家支票兌換公司。經過審訊，三名犯人交代，他們從 2010 年班·艾佛列克（Ben Affleck）的電影《竊盜城》（The Town）中得到這次犯案的靈感，電影中的劫匪戴上面具假扮警察、在犯罪現場潑漂白水以銷毀 DNA 痕跡等情節給了他們莫大的啟發。經過幾個月的策劃，他們確定了作案目標以及具體的實施方案，同時認為化裝成白人犯案更容易混淆警方的視線。一般來說，常人很難把作案的白種嫌疑人和黑人連繫在一起。

他們的面具來自知名的特效公司──CFX（Composite Effects）。這家公司曾負責過《金鋼狼：武士之戰》（The Wolverine）的化妝特效，所做出的面具幾乎可以以假亂真。他們

第四章　膨脹的慾望—侵犯財產犯罪

支付了 2,000 美元，以拍攝音樂短片為由向該公司訂購了三套白人面具。

2012 年 2 月，三名案犯戴著面具，穿上事先準備好的警察制服，佩戴了警章，駕車抵達皇后區的一家支票兌換公司。他們尾隨該公司的一名僱員莉羅蒂‧拉南南進入公司後，又挾持了她。為了保證人質的安全，該公司的出納不得已開啟了一個保險櫃和一個現金抽屜，在短短的三分鐘內，三名歹徒搜掠了整整 20 萬美金，然後駕車揚長而去。

警方在接到報案電話趕到現場後，根據目擊人員的口供，認為劫匪是三名冒充警察的白人男子。案件的調查同樣因為找不到線索而陷入僵局。頗具戲劇性的一幕卻在不久之後上演。因為警方絲毫沒有懷疑過犯案者可能是黑人，所以三名罪犯開始得意忘形，不僅大肆揮霍搶來的現金，其中一個名叫拜耶的劫匪還發了一封感謝信給 CFX 公司，信中寫道：「我非常滿意貴公司的面具，其模擬程度簡直令人難以置信。」

接到感謝信的 CFX 公司職員起初也是一頭霧水，因為他們實在難以理解為什麼會有人在購買面具幾個月之後才給公司發這樣的信件。聯想到最近的三名白人男子假扮警察進行搶劫的案件之後，公司的負責人認為他們有必要把這封感謝信交給警方。2013 年 7 月，紐約警方以這封感謝信為線索，成功抓捕了三名案犯，並對其提起了訴訟。

康拉德・茲德茲拉克：變裝搶劫案

【犯罪心理分析】

　　事實上，類似於第一起案件的銀行搶劫案的數量，在所有類型的搶劫案中所占的比重很低。就拿美國來說，銀行搶劫案的數量僅占全部搶劫案件的2.4%；與之相對的是破案率卻非常高，比如2001年美國搶劫案的破案率為25%，可銀行搶劫案的破案率卻高達60%。所以，很少有人會選擇搶劫銀行之類的金融機構，因為目標實在是太大了。而上面兩起案件中的嫌疑人都不約而同地選擇了金融機構，大概是對自己的偽裝過於自信的緣故。拋開風險因素不談，搶劫金融機構的回報確實是最大的，如果只是闖入一家超商、搶劫一名行人或者其他小型商店，根本不可能會有幾十萬甚至幾百萬的現金放在那裡讓劫匪盡情地拿。

　　FBI暴力犯罪部門蒐集的數據顯示，銀行搶劫案大多發生在星期五。因為一般來說，美國發薪水的日子就在星期五的上午，因此那一天銀行裡會準備大量的現金，案例中康拉德・茲德茲拉克所選的日子恰好就是星期五。還有一點，銀行搶劫案的犯人以新手居多，一大幫訓練有素的退役特種兵或僱傭兵，舉著微型衝鋒槍搶銀行的劇情只出現在小說或者電影當中。康拉德顯然就是一個新手，雖然他的偽裝使其順利逃脫了追捕，但從他處理車輛和裝錢袋子的方法就可以看

第四章 膨脹的慾望—侵犯財產犯罪

出,他在這方面毫無經驗。雖然他有過前科,從法律角度來說,也應該屬於搶劫慣犯了。

FBI犯罪行為分析專家在研究案例時發現了一個問題:一些「資深」的搶劫犯甚至會總結出一整套成功的搶劫經驗,其中最重要的一點就是對於被搶劫者的控制。「你必須讓他們害怕,但不是驚慌,因為一旦變成了驚慌,他們的行為就會不受控制。」這是一位沒有被起訴的搶劫犯說過的話。一部分搶劫犯甚至會享受這種控制別人的感覺,因此罪犯們之所以會選擇搶劫還有一個潛在的誘因,那就是控制慾。

而對於那些慣犯來說,搶劫已經成了一種習慣,「看中了隨手就搶」變成一種常態。在美國,搶劫犯們更願意「黑吃黑」,他們會選擇毒販或者準備購買毒品的人,這些人身上往往帶著大量現金,並且通常會因為自己本身就在做違法的事情而放棄報警。不過,直接搶劫毒販的風險更大,這些人可能會帶著槍支等武器並拚命地反抗,同時還可能會得罪其身後某個強大的犯罪集團。

鮑勃・麥克唐納：隕落的政壇新星

　　貪汙腐敗大概是全世界所有政府都會面臨的一個嚴重問題。一旦有貪腐案件出現就會嚴重影響政府的公信力，而一個不被信任的政府顯然會遇到更多麻煩。也正基於此，對於FBI來說，貪腐案和危害國家安全類案件一樣，始終是需要高度重視和優先解決的。

　　在美國政壇中，因貪汙腐敗而被判刑入獄的州長不在少數，其中就包括本節要講到的維吉尼亞州前州長鮑勃・麥克唐納（Bob McDonnell）；於2002年因貪汙銀鐺入獄的路易斯安那州前州長埃德溫・愛德華茲（Edwin Edwards），其已在2013年刑滿獲釋；還有2012年因賣官被判貪汙罪獲刑十四年的伊利諾伊州前州長布拉哥耶維奇（Rod Blagojevich），時至今日，其仍在科羅拉多州的低戒備聯邦修正機構中服刑。同時，美國政壇的貪腐案件多展現為同屬公務員序列的「夫妻檔腐敗」，也可以稱之為「家庭式腐敗」。

　　美國維吉尼亞州前州長鮑勃・麥克唐納曾是美國政壇裡的一顆新星。眾所周知，2012年的美國總統競選人是美國前總統巴拉克・歐巴馬（Barack Obama）和米特・羅姆尼（Mitt Romney）兩個人。而鮑勃・麥克唐納則一度被認為是米特・

第四章　膨脹的慾望—侵犯財產犯罪

羅姆尼的競選對手；甚至在歐巴馬當選之後，他依舊被視為 2016 年總統競選的熱門候選人之一。

然而，就是這樣一位前途無量的政治明星，卻在 2015 年因受賄罪被判處兩年監禁，刑期雖然不長，可他的政治前途顯然已經毀於一旦了。儘管如此，還是有很多人認為他是一個稱職的「父母官」，在其執政維吉尼亞期間，曾讓該州的失業率從 7.4% 降至 5.2%，選民支持率也曾一度高達 55%。

鮑勃・麥克唐納受賄案東窗事發的過程頗具戲劇性。2012 年 3 月，維吉尼亞州州長官邸的首席廚師托德・施耐德被人舉報貪汙食材，隨後被官邸開除。廚師托德・施耐德並沒有對自己的行為感到愧疚，反而對開除他的州長鮑勃・麥克唐納心生怨恨，於是向 FBI 舉報了麥克唐納的受賄行為。托德・施耐德告訴 FBI，一個名叫瓊尼・威廉姆斯的商人曾在 2011 年鮑勃・麥克唐納女兒的婚禮上送給他 1.5 萬美元，而這份禮金在當時並沒有被公開。在托德・施耐德看來，鮑勃・麥克唐納的行為已經涉嫌受賄。

收到舉報後，FBI 立即開始著手調查這位州長，還有他的妻子莫林・麥克唐納（Maureen McDonnell）以及托德・施耐德口中的商人瓊尼・威廉姆斯。不僅如此，FBI 還就麥克唐納夫婦與瓊尼・威廉姆斯之間是否存在權錢交易的問題，祕密約談了鮑勃・麥克唐納的助手。隨後，鮑勃・麥克唐納告

訴FBI：自己和瓊尼・威廉姆斯是好朋友，而作為一個州長，為一家優秀的公司提供方便以促進當地的經濟發展也是自己的職責所在。

這樣的解釋看起來很合理，FBI似乎已經沒有繼續調查下去的理由。但美國的情況比較特殊，很多政府部門都具有反腐職能，比如聯邦調查局、法院、稅務局甚至警察局等，一旦發現證據，這些部門都有權力上報和提起訴訟。因此，維吉尼亞州警方也隨即展開了協助調查，並向FBI提供了一家保健品製造公司的具體文件，該公司涉嫌與州長鮑勃・麥克唐納有過多次金錢往來。正是這份文件讓FBI探員們對鮑勃・麥克唐納之前的解釋產生了懷疑。

隨著調查的持續深入，越來越多的線索被挖掘出來，這些線索都間接證明了鮑勃・麥克唐納和瓊尼・威廉姆斯的保健品製造公司確實存在著權錢交易。據調查，羅伯特・麥克唐尼及夫人曾經多次從瓊尼・威廉姆斯手中收取過賄賂，包括12萬美元的低息貸款、勞力士手錶、豪華旅遊以及名牌服裝等。此後，聞風而至的媒體也不甘示弱，接連在《華盛頓郵報》上發表了兩篇譴責州長鮑勃・麥克唐納收受他人財物的報導。這一切都讓鮑勃・麥克唐納心驚肉跳。

早在1978年，美國國會就頒布了《政府倫理法》，規定公務人員在職務僱用中不得違背公眾利益；對政府部門職員

第四章　膨脹的慾望—侵犯財產犯罪

進行調查時，司法部門享有獨立調查權。為保證對官員不當行為的調查不受任何因素影響，無論被調查對象的政治地位有多高，政府都不能進行干預。面對這樣的狀況，鮑勃‧麥克唐納自己也束手無策，只能眼看著醜事一項一項地浮出水面。其實，兩人之間的權錢交易遠比人們想像中的更多，其中包括大量金錢與奢侈品，涉案總額高達 16.5 萬美元。

對於 FBI 來說，官員的受賄顯然比商人的行賄更加讓人無法容忍。為了蒐集足夠的證據給鮑勃‧麥克唐納定罪，檢方和瓊尼‧威廉姆斯達成了一項協定：只要他願意出庭指證，那麼檢方就會放棄對他個人的起訴。有著逐利本性的商人瓊尼‧威廉姆斯欣然同意了這項協定。

不願坐以待斃的鮑勃‧麥克唐納試圖連繫檢察官，並以「起訴在職州長前所未有」為藉口妄圖逃避對自己的起訴，但事情並不如他所願。2014 年 1 月，麥克唐納的州長任期正式到期十天後，檢方正式對其提起了訴訟。

案件的審理過程並不輕鬆，為了保證絕對公正，這起州長受賄案一共審理了五個禮拜，期間有包括瓊尼‧威廉姆斯本人在內的六十七位證人出庭作證。2014 年 9 月 4 日，陪審團最終裁定鮑勃‧麥克唐納在任維吉尼亞州州長期間，利用職務之便非法獲取超過 16.5 萬美元的財產，共計十一項罪名成立；他的夫人莫林‧麥克唐納則被判妨礙司法公正、欺詐

等九項罪名成立。2015 年 1 月 6 日,聯邦法院判處鮑勃・麥克唐納兩年監禁,其妻莫林・麥克唐納也隨後獲刑。

美國司法部刑事司助理檢察長萊斯利・考德威爾的言論表達了美國司法部對於貪腐案件的態度:「州長被人們選出來為民眾服務,但他的腐敗行為背叛了民眾。今天的判決傳遞一個這樣的訊息,即任何形式、任何政治層面的腐敗,都不能被容忍。」

【犯罪心理分析】

透過這起鮑勃・麥克唐納受賄案,我們也可以得到很多啟示,並加以學習和借鑑。首先,在美國,任何民眾都可以隨時撥打 FBI 或其他司法部門設在各地的辦公室電話,舉報自己認為有貪汙嫌疑的官員,而 FBI 在接到報案後必須做出詳盡的調查報告;同時,美國的司法、稅務機關等很多部門都有反腐職能,在履職的同時更容易發現官員貪腐的蛛絲馬跡;最後,司法部的獨立調查權在法律上保證了司法部門可以毫無顧慮地調查問題官員,以維護司法的公平與公正。

就職務犯罪來說,其動機和搶劫、盜竊、詐騙等類似,都是為了獲取更多的金錢和財物。具體說來,大致可以將犯案者區分為兩類人:一類人為官履職本來就是為了發財,只

第四章 膨脹的慾望—侵犯財產犯罪

關心斂財的多少；而另一類人則由為官順便發財，漸漸轉化為主要是為了斂財。可想而知，這兩類公職人員都不會有什麼心思踏踏實實地為人民群眾服務，只會像國家的蛀蟲一樣滿足著自己越來越大的貪慾。說到引發職務犯罪的心理因素，主要包括以下三點：

首先是信仰的缺失及生活的腐化。多數政府的宗旨都是服務於國民，且不論這個「國民」的範疇是最廣大的勞動人民還是少部分人的「菁英」階層，至少宗旨的關鍵都在於「服務」二字。但是，隨著經濟的發展和社會文化的演變，很多為官者都漸漸失去了自己的信仰，使得他們的「服務」變得不再純粹或者索性完全淪喪。既然定位於服務者，就代表其合法收入肯定不足以承受太過奢侈的消費，而一旦生活腐化墮落之後，為了維持自己巨大的開銷，利用職權謀私也便成了「順理成章」的事。

案例中的麥克唐納夫婦就是出於這種心理。庭審期間，辯護律師曾試圖用州長夫妻感情不和，州長夫人莫林·麥克唐納與瓊尼·威廉姆斯有私情為由幫鮑勃·麥克唐納脫罪。但事實上，麥克唐納夫婦的感情一直很好，甚至曾在二十二週內有超過十八次共同外出旅行的經歷；再加上夫婦兩人的奢侈需求，僅以州長先生自己的合法收入顯然是不夠的，於是，送上門來的瓊尼·威廉姆斯正好成了州長夫婦的「提款

機」。作為證據的一則手機語音訊息也證明了這一點：某次，在州長夫婦將要出行時，鮑勃・麥克唐納給瓊尼・威廉姆斯發了一條語音訊息：「準備 20,000 美元。」對方不久之後就回應道：「已經準備妥當。」雖然貴為州長，但也不會有人願意無償為其提供資金揮霍，作為交換，他自然就要利用自己的職權為對方在某些方面提供便利。

其次是不合理的慾望和錯誤的補償心理。既然選擇為國民服務，自然就不該有太多的不合理慾望。一般來說，公職人員的薪資都會高於平均收入水平，但與富商巨賈們相比，肯定是相差甚遠。一些公職人員在掌握權力之後就會漸漸產生心理變化，雖然常被人們稱呼為「父母官」，但他們只是享受了其中的權力，反而忽視了本應著重強調的義務，欣然把自己當成了「上層階級」甚至是「特權階級」。一旦滋生了這種心理，公職人員就會生出更多不合理的慾望，比如在消費上試圖向富商巨賈們看齊，合法的收入不夠，那就用非法的手段來獲取。他們甚至會給自己找一些歪理當作支撐：自己沒有功勞也有苦勞，獲取一些好處也是應該的。本案中，鮑勃・麥克唐納州長的工作能力似乎毋庸置疑，在他的治理下，維吉尼亞州的失業率降低了好幾個百分點，高達 55% 的選民支持率也令他堅信自己已經做了足夠多的貢獻。

再次，不同地區的腐敗還會存在一些特有的心理因素。

第四章 膨脹的慾望—侵犯財產犯罪

比如在某些腐敗成風的地區，大家似乎都在貪汙，不過是數額大小的差別，那麼「我」為什麼不貪汙呢？這種「隨大流」的想法也是造成腐敗的一個重要心理因素，甚至在某些情況下會被渲染成「我不貪汙就會受到排擠」的歪理邪說。要知道，是否為了滿足自己的慾望而做出觸犯法律的行為，從根源上講並不是被他人強迫或形勢所逼的，主要原因始終在於自己的內心。

不同於其他類型的犯罪，公職人員貪腐案件是一種危害極大且較難查辦的犯罪，其影響往往極為深遠。貪腐案件頻頻發生就會影響到一個政府的形象和公信力，日積月累下來甚至可能產生極為可怕的負面作用。畢竟想要取得信任很不容易，而失去信任卻只需要短短的一瞬間。某些地方，部分頭腦衝動而不懂得思考的人也變得越發偏激起來，甚至會因為排斥貪汙腐敗而到處傳播汙衊和謾罵政府權力機構的畸形思想。在許多新聞報導中，一旦在警方的行動中有犯罪嫌疑人出現任何意外，責任就會被無端地推向執掌權力的公職人員一方。更有甚者，就連近年來大快人心的反腐行動都被少數人別有用心地加以「解釋」和歪曲。由此可見，廉潔重於山，公職人員的職務犯罪帶來的後果無疑是極為嚴重的。

維克多・拉斯提格：賣掉艾菲爾鐵塔

之前，警方破獲了一起電信詐騙案，某部門工作人員在詐騙團夥的幾通電話之後，一時衝動竟然被騙走了上億元的資金。網路劇中曾經有這樣一句臺詞：「以前是騙子太多傻子太少，現在是傻子太多騙子反而不夠用了。」當下此時，我們不禁想問一句：真的是我們變傻了嗎？為什麼會有那麼多的人受騙上當呢？

歸根結柢，還是因為隨著時代的發展變化，騙子的騙術也越來越高明了。那麼，騙術高明的騙子長得什麼樣呢？他們不僅沒有在臉上寫著「我是騙子」四個大字，而且還表現得十分紳士，舉手投足間展現出良好的修養和雄厚的經濟實力。雖然我們大部分人都無緣親見，但從李奧納多主演的電影《神鬼交鋒》(*Catch Me If You Can*) 及《華爾街之狼》(*The Wolf of Wall Street*) 中就可見一斑。

下面，就讓我們來看一個真實存在的高明騙子的案例。

維克多・拉斯提格（Victor Lustig）於西元 1890 年出生在奧地利，這是在他被捕之後自己親口供述的。但事實上經過人們後來的考證，根本沒有任何證據能夠證明他確實出生在那裡，而且從一名被稱作「騙術之王」的人口中說出來的話，

第四章 膨脹的慾望—侵犯財產犯罪

可信度幾乎就等於零了。根據相關調查,拉斯提格先後使用了超過四十七個假名字,並且偽造了幾十本甚至更多的假護照,甚至到最後就連拉斯提格這個名字到底是真是假也沒有人敢肯定。

據說,拉斯提格從小就混跡於街頭,假裝過乞丐,也當過扒手,甚至在11、12歲的時候就開始充當皮條客。對於坑蒙拐騙的騙子們來說,撲克牌是絕對的必修課,拉斯提格也不例外。他曾經非常得意地自誇道:「除了開口說話,我可以讓紙牌做任何我想讓它們做的事情。」

提到龐氏騙局,雖然很多人並不知道那具體是指什麼,但至少會聽著耳熟,知道這是某種會騙走自己口袋裡錢的東西。1920年代的美國,經濟開始蓬勃發展,對於很多人來說,日進斗金並不是什麼難以想像的事。大部分人在突然變得有錢之後都會暴露一些通病,或者是不把錢當回事,又或者因為日益豐滿的腰包而變得自大起來,覺得整個世界只有自己最聰明。這種行為在騙子們看來,簡直就像掛著「人傻錢多,速速前來」的牌子招搖過市。因此,包括龐氏騙局的鼻祖查爾斯・龐氏(Charles Ponzi)在內的很多詐騙犯們,都不約而同地把這一時期的美國選為自己「大展身手」的舞臺,維克多・拉斯提格正是其中的一員。

因為年輕時的好勇鬥狠,拉斯提格的左顴骨處留下了一

維克多‧拉斯提格：賣掉艾菲爾鐵塔

道長達 10 公分的刀疤，於是，美國不少大城市的警察局都開始留意一個綽號為「刀疤」的男人。原本橫在臉上的刀疤會讓人的面相變得凶惡起來，但在年輕姑娘們的眼中，拉斯提格始終是一名溫柔而又多金的紳士，他對女性極為尊重。於是，1919 年 11 月，一位來自堪薩斯州的美麗姑娘羅伯塔‧諾蕾懷著對美好生活的憧憬做了維克多‧拉斯提格的新娘。

維克多‧拉斯提格在美國時最主要的行騙手段是出售一種叫「羅馬尼亞盒子」（Rumanian Box）的東西，而他的主要行騙對象則是往來於歐洲和美國之間的豪華遊輪上的乘客。拉斯提格會讓自己看起來像是一個非常有錢的人，然後尋找各種機會與遊輪上的商人們閒聊，一旦確定目標，就會慢慢地把話題轉移到他的財富上來。沒有人會不好奇一個年輕的富豪有著什麼樣的賺錢祕訣，所以，那些商人們一般都會費盡心思來探聽拉斯提格的底細。在表演得差不多之後，他就會假裝極不情願地向商人們透露，自己有一個可以複製鈔票的「羅馬尼亞盒子」。被吊起胃口的商人們自然不肯就此罷休，於是拉斯提格總會在最後假裝不好意思駁商人們的面子而同意私下展示給他們看。

所謂的「羅馬尼亞盒子」，外形看起來就像是一個製作非常精良的紅木行李箱，裡面有一臺看起來非常複雜的機器。拉斯提格將一張 100 美元的紙幣放進去，幾個小時之後就會

第四章　膨脹的慾望─侵犯財產犯罪

出現另一張看起來非常「真」的 100 美元紙幣。事實上,另一張紙幣也是預先放好的真錢。商人們對拉斯提格的話深信不疑。

事情的發展完全按照拉斯提格的設想在進行著,不久之後,就會有人詢問如何才能得到這麼一臺神奇的機器。於是,他又開始裝作極不情願的樣子,只有這樣才會讓人深信不疑。最後,拉斯提格會「艱難」地決定賣掉這個可以「生錢」的寶箱,然後根據自己的猜測提出一個商人們能夠承受的價格。當商人們做著發財夢的時候,拉斯提格早已帶著錢消失得無影無蹤。

這些被騙的人當中有富商,有賭徒,有黑幫成員,甚至還有一位州長和一個郡稅務官。該稅務官用來購買機器的錢全都是自己所掌管的稅款,在發現被騙之後,他曾經千里跋涉找到了拉斯提格,卻被拉斯提格指責是因為他不會操作才導致機器失靈的。出乎意外的是,這名稅務官竟然接受了這樣的解釋,在得到一部分的賠償金之後欣然離開了。

1925 年 5 月,為了尋找新的行騙機會,拉斯提格來到巴黎。他在報紙上讀到一篇關於艾菲爾鐵塔的報導,上面寫著因為鐵塔容易生鏽,所以需要高額的維護和修繕費用,這使得一部分人開始質疑其存在的意義。自西元 1889 年巴黎世博會建成直到現在,艾菲爾鐵塔已經大大超過了預期的使用

年限,所以開始有人覺得應該拆掉這座每年需要不菲開銷的「鐵架子」。

基於這篇大多數巴黎人都會看到的報導,拉斯提格的行騙新計畫逐漸成形了。他先是以政府官員的名義召集巴黎最大的幾個廢鐵收購商,信誓旦旦地說:「因為鉅額的維護費用和其他一些不便透露的政治原因,政府打算把艾菲爾鐵塔拆掉。」政府當然不會自己動手去拆塔,而是會以招標的形式把鐵塔賣出去。給出此次會議的議題之後,拉斯提格又暗示眾人,自己將是這次政府行為的最終決定者。於是,商人們的預付款和為了成功得標而付出的一部分賄賂金就這樣進入了拉斯提格的口袋。隨後,拉斯提格腳底抹油,趕在商人們發現被騙並且報警之前再次逃之夭夭了。

維克多·拉斯提格在歐洲和美國肆意行騙的所作所為,最終還是引起了美國司法部的注意。1928年,拉斯提格在一名美國商人那裡以洽談商業專案的名義騙走數萬美元之後,美國司法部終於派出特務調查有關拉斯提格的事情,這些特務就來自FBI的前身BOI。1930年,拉斯提格開始製造假鈔,殊不知這一行動很快就進入了調查局特務們的視線裡。

為了使自己製造的假鈔更加逼真,拉斯提格找來一位名叫湯姆·肖恩(Tom Shaw)的化學家一起合作。肖恩負責造假,而拉斯提格自己則經營起一套非常精細的洗錢系統。他

第四章　膨脹的慾望—侵犯財產犯罪

們並不會直接進行交易,而是透過毫不知情的郵差進行運送。就這樣,數百萬美元假幣流入市場,一部分美國民眾甚至已經因為鉅額的假鈔而對美元的信任產生動搖。而「拉斯提格幣」(Lustig money)正是官方給予這種假鈔的統一稱呼。

不久之後,緊盯著拉斯提格的調查局探員逮捕了一名郡縣治安官,有很大一部分假鈔就是從他這裡流出的,但他自己卻毫不知情。直到面臨司法部的指控時,這位治安官才反應過來自己被騙了。於是,他向調查局提供了自己所知道的關於拉斯提格的一切資訊,包括他的外貌和部分偽裝等。

儘管如此,抓捕拉斯提格的行動進行得也不順利。因為他總是隨身攜帶一行李箱的變裝用品,以保證自己可以隨時隨地變成神父、侍者或者酒店服務生的樣子。在任何場合,他都可以迅速變裝然後溜之大吉。

完美的偽裝手段卻意外有了破綻。1935年,拉斯提格的女友發現他和朋友的情婦有染,於是,這名妒火中燒的女人一怒之下把電話打到警局,洩露了拉斯提格當時的行蹤。5月10日,拉斯提格在走過紐約的一處街角時被突然出現的特務逮捕。

然而,不久之後,更加滑稽的事情發生了:同年9月1日,拉斯提格竟然從號稱「銅牆鐵壁」的曼哈頓聯邦拘留中心裡成功越獄。越獄的手段則非常簡單:他把床單當成繩索,

然後從窗戶裡盪了出去,一邊下滑一邊裝模作樣地擦著玻璃。當時有很多人目睹了他逃走的全過程,卻沒有一個人反應過來那是有人在越獄,人們都把他當成了清潔工。

可是,再次逃走的拉斯提格並沒能像以前一樣繼續瀟灑地行騙,然後輕鬆地躲過追捕。同年9月28日晚,成功越獄了差不多一個月的拉斯提格再次被FBI的調查員和匹茲堡特勤處的一名特務找到。經歷了一場激烈的飆車追逐之後,發現逃脫無望的拉斯提格只好故作瀟灑地停下車子,表示自己不想再跑了。

隨後,匹茲堡州法院判處拉斯提格二十年監禁,關押地點則位於舊金山的阿爾卡特拉斯島。這是一個重刑犯的關押地點,基本上沒有人能夠從這裡越獄。昔日瀟灑無比的詐騙犯拉斯提格此時早已是窮途末路,為了顯示自己依舊瀟灑,依舊蔑視法律,他開始胡亂地認領罪行,很多無人承認的罪名都被他攬在了自己的名下。此時,他也只能以這種自欺欺人的方式來繼續「炫耀」自己了。

在第一次越獄之後,拉斯提格曾經留下過一張紙條,上面寫著《悲慘世界》(*Les Misérables*)中的一段話:「對一介囚犯而言,只有給他信心,他才可能改過自新。法律不是出自上帝之手,凡人的罪可以得到救贖。」或許在某一刻,拉斯提格也曾有悔過之意,但依照他的秉性,這多半是在試圖引起

法律的同情。在宗教中，一個罪人是可以得到救贖的；但在法律面前，拉斯提格必須為自己的罪行受到懲罰。

　　服刑之後的拉斯提格並沒有放棄逃跑，他一直試圖使用各種手段來騙取獄警的信任。從入獄一直到 1946 年，在拉斯提格總共提出一千一百九十二次就醫申請，並且收到超過五百個處方，可身體狀況依然不見起色之後，他終於同意被轉送到密蘇里州斯普林菲爾德的一家醫院進行治療。在治療期間，看守人員一直寸步不離，誰料不久之後，拉斯提格卻因肺炎併發症不治身亡。

　　拉斯提格此前的謊言給看守人員造成了極大的心理壓力。據說即便是在他嚥氣之後，一直被「狼來了」的遊戲弄得神經兮兮的看守人員們依舊認為他可能是在演戲，不敢有絲毫鬆懈。他們始終堅信外出就醫只是拉斯提格的逃跑計畫之一。可是，經過法醫鑑定，這一次拉斯提格沒有騙人──他真的死了，這位頗具傳奇色彩的高明騙子就這樣結束了自己的一生。

【犯罪心理分析】

　　好色、暴食、貪婪、懶惰、憤怒、嫉妒以及傲慢，這是歐洲最偉大的詩人但丁在史詩《神曲》中為世人羅列的七宗

罪,這七宗原罪涵蓋了人的種種惡行。本案中的高明騙子維克多・拉斯提格就是「貪婪」的生動詮釋,甚至還因為屢次輕易地得手而被眾人稱為「騙術之王」。事實上,在拉斯提格頗具傳奇色彩的高明騙術背後,隱藏著的恰恰是其內心醜惡無比的貪婪,為了滿足自己的物欲,他將罪惡的黑手伸向了別人的私有財產。

據統計,在諸多犯罪動機當中,貪婪正是其中最活躍的一種,是當之無愧的犯罪「高地」,由其引發的犯罪數量遠遠高於嫉妒、性慾、信仰等其他犯罪誘因。作為一名「十分紳士」的年輕人,拉斯提格又何嘗真的想要一直依靠坑蒙拐騙度日呢,但長久以來無法滿足的物質需求,內心深處不斷膨脹的貪婪,都令其難以自控,從而萌生邪念,最終走上一條不歸路。

說到底,憑藉一己之力就能完全滿足自己的物欲,過上自己嚮往生活的人並不多,那為什麼大部分人都能安於現狀,願意利用自己有限的合法收入,來有選擇地滿足一部分需求呢?這首先關乎一個詞——「自控力」,能夠憑藉自控力來抑制某些不合理、不理性的物質需求的人,就能安心地過著自己的小日子;而一味滿足自己的不合理需求,根據內心的慾望來決定支出的人,就有可能像拉斯提格一樣走上犯罪道路。

第四章　膨脹的慾望—侵犯財產犯罪

其次，一個家境貧寒的人非要讓自己與富商巨賈比肩，這時正向的做法當然是生命不息，奮鬥不止，百般努力令自己躋身富人的行列；而負面的做法就是不願付出辛苦，妄想不勞而獲。究其根源，就在於人類的另一種劣根性——「懶惰」。

最後，人們之所以會在犯罪後百般掩飾，正是因為他們存在著「僥倖」心理，認為只要隱藏得好，就不會東窗事發，就不會受到應有的懲罰。正如本案中的拉斯提格一樣，他先後使用了超過四十七個假名字，偽造了幾十本甚至更多假護照，甚至就連拉斯提格這個名字到底是真是假也沒有人敢肯定。但紙包不住火，再完美的偽裝手段也會出現破綻，「騙術之王」尚且這樣倉皇落馬，普通行騙者們的下場又會怎樣，我們自然心知肚明。

詐騙犯們之所以會走上這條路，確實存在一些社會資源分配不均之類的客觀原因，但整體而言，起決定性作用的還是人們的價值觀、金錢觀等一系列內因。提到三觀，它當然也會受到經濟、文化、教育和政治等多重因素的影響，但人從小生長的環境因素對其可以說尤為重要，社會中的普遍價值觀更是極為重要的一環。

試想，如果一個人從小就被教育「君子愛財，取之有道」，這種自我克制、自我管理的思想已經深深地入腦入心，

那麼任憑內心的貪念再活躍，也依然會被控制在一個有限的範圍之內；而如果一個人從小就被教育「想要就必須得到」，那麼慾望一旦萌發，就會被無限放大，直至不擇手段地讓自己得到滿足。

可見，良好的教育會令人們成長得優秀正直，自覺地向善向好，規避犯罪。相反地，如果社會中普遍存在著享樂主義、拜金主義的思潮，那麼身處其中的個人也很容易變得貪婪起來。可見，遏制犯罪需要整個社會的共同努力。

第四章 膨脹的慾望—侵犯財產犯罪

第五章
群魔亂舞 —— 群體性犯罪

　　群體犯罪分為有組織的群體犯罪和一般性群體犯罪兩種。其中，有組織的群體犯罪是指那些具有長期性、穩定性、嚴密性的犯罪組織；而一般性群體犯罪則是指那些臨時糾集在一起的犯罪組織，多表現為組織結構的鬆散性與組織存在時間的短暫性。

第五章　群魔亂舞—群體性犯罪

引子：群眾與犯罪

　　群體犯罪是指，兩名以上的犯罪主體在犯罪目的一致的基礎上聯合實施的犯罪行為。在犯罪群體中，個人和群體的意向、目的、動機等逐漸形成了適於犯罪的共同心理傾向，當某些具有犯罪傾向的個體聚集在一起時，很可能會在群體的相互作用下，由犯罪傾向轉變為具體的犯罪行為。因此，群體犯罪是內在心理因素與外在環境因素共同作用下的產物。

　　群體犯罪心理的形成因素有很多。比如模仿，在某一群體當中，尤其是法制意識與道德意識淡薄的群體中，某個做出違法行為的個體反而會受到群體中其他個體的追捧和模仿，從而帶動整個群體犯罪行為的產生。再比如說合群需要，個體想要融入某個群體，首先需要與這個群體的其他個體有共同話題、共同需求或者其他，而一旦這個群體的共同話題或者需求是違法的，那麼這個群體就很有可能會發展為一個犯罪群體。還有互補性，某些犯罪群體中個體的需求和目的實際並不相同，但他們所要達成的目標在一定程度上具有互補性，那麼也會形成一個相對穩定的犯罪群體。例如，某些犯罪者需要逃脫法律的制裁，而某些執法者又試圖獲得

引子：群眾與犯罪

合法收入之外的利益，兩者目的本不相同，但集合在一起卻可以形成一個龐大的犯罪系統。

群體犯罪分為有組織的群體犯罪和一般性群體犯罪兩種。其中，有組織的群體犯罪是指那些具有長期性、穩定性、嚴密性的犯罪組織；而一般性群體犯罪則是指那些臨時糾集在一起的犯罪組織，多表現為組織結構的鬆散性與組織存在時間的短暫性。

有組織犯罪是指具有三名以上相對固定的成員，故意實施有目的、有計畫的群體性犯罪。國際上稱之為最高的犯罪形態，是世界各國普遍面臨、危害極大且極難遏制的一種犯罪形態，被稱為「世界三大犯罪災難之一」。

一般性群體犯罪又分為團體犯罪、集群犯罪和一般性共同犯罪。其中團體犯罪的主體多為青少年，因為有共同傾向而集結在一起共同實施犯罪。不同於犯罪集團，這種團體只是臨時湊在一起的犯罪群體，結構鬆散且沒有明確分工，危害性較低。集群犯罪則是在激烈的互動中自發產生的群體犯罪行為，表現為無指導、無目的並且不受正常社會秩序的約束。大多數集群犯罪都是由狂熱的情緒導致的，比如在某位超級巨星的演唱會上，情緒過於激烈的粉絲們為發洩情緒，可能會做出某些犯罪行為。除個別情況中的鼓吹者和引導者之外，集群犯罪中的大部分犯罪個體之間並沒有直接連繫，

第五章 群魔亂舞—群體性犯罪

一旦犯罪結束,整個組織就會原地解散,如常見的搶購事件、經濟上的鬧事或者政治上的騷動事件等。說到一般性共同犯罪,除團夥犯罪、犯罪集團等特殊的共同犯罪之外,其餘凡是有兩名以上犯罪個體共同實施的犯罪行為均屬於一般性共同犯罪。

「路西法效應」：種族大屠殺

　　一個人為什麼要殺掉另一個人呢？殺人總歸要有一個理由，如果毫無理由地殺人，大致就可以歸因於具有精神性疾病或者人格障礙了。但是，如果一大群人毫無理由地殺死另一群人，而且殺人者在做出殺人舉動之前一直為人和善、宅心仁厚，甚至與被殺者有著不錯的交情，那麼你會做何感想？大概很多人聽了之後就只剩下目瞪口呆了吧！

　　1994 年，在盧安達發生了一起駭人聽聞的種族屠殺事件。僅僅三個月的時間，就有將近一百萬盧安達人死於屠殺，更加令人難以置信的是，殺人者竟然是盧安達本國的軍隊及盧安達的部分居民。在屠殺發生之前，他們曾是鄰居，是好友，但轉瞬之間一方變成了劊子手，而另一方則一臉不解地倒在血泊之中。

　　盧安達當地有兩大族群——胡圖族和圖西族，其中，胡圖族占全部人口的 80% 以上，兩大族群合計占盧安達總人口的 99%。在歷史上，兩個族群之間一直存在矛盾。1990 年，流亡於烏干達的圖西族難民組織「盧安達愛國陣線」，試圖恢復自己被剝奪的政府席位和權力，與胡圖族政府之間爆發了內戰。三年後，經過周邊國家的調停，內戰雙方達成了和平協定。

第五章　群魔亂舞—群體性犯罪

　　這本來是一件皆大歡喜的好事，卻被胡圖族政府內部的極端主義者看作他們的恥辱，並對簽訂了和平協定的總統心生不滿，尤其是協定中關於「共享政府權力」的表述更是讓他們坐立不安。在這些極端主義者看來，盧安達不需要圖西族的存在，所以，他們開始暗中策劃一起駭人聽聞的滅絕計畫。

　　1994年4月6日，盧安達總統和蒲隆地總統同乘的飛機在盧安達首都基加利附近被擊落，兩位總統同時罹難。胡圖族內部的激進派把這起事件的責任推到圖西族游擊隊身上。於是，一起胡圖族人針對圖西族人的血腥報復行動順勢展開。

　　這場報復首先在政府內部爆發，由胡圖族士兵組成的總統衛隊殺害了包括總理在內的四名圖西族政府高官。本應迅速平定這次事件的盧安達政府卻做出了完全相反的舉動，大量的當地媒體和電臺開始就此事煽動圖西族和胡圖族之間的仇恨，一場對圖西族來說毫無防備的屠殺就此開始。

　　這場屠殺一直維持到同年7月，圖西族「盧安達愛國陣線」聯合烏干達軍隊反攻進入首都基加利，與此同時，兩百萬參與屠殺或只是單純害怕受到圖西族報復的胡圖族人逃亡到鄰國，屠殺事件才就此告一段落。

　　在這短短的三個月時間內，將近一百萬的圖西族人以及

> 「路西法效應」：種族大屠殺

部分同情圖西族的胡圖族人死亡，幾乎占了整個圖西族人口的 75%。而之所以會形成如此大規模的殺戮，不僅在於軍隊參與了屠殺，更因為無數的胡圖族普通民眾也毫不猶豫地舉起了屠刀。

出於政治原因，原本可以阻止大屠殺發生的聯合國採取了消極態度，事後為了掩飾自己的不作為所造成的慘劇，歐美的官方媒體一致將該事件報導為非洲某國家兩個部落之間的戰爭。直到大屠殺過去多年之後，一些參與過或者見證當年大屠殺的人，在接受採訪時親口描述當年的情景，才讓大屠殺的一部分真相還原在人們眼中。

胡圖族和圖西族之間的矛盾由來已久，可大部分生活在一起的兩族普通民眾們根本沒有什麼仇恨，相反關係還很不錯。但就是這些相處不錯的鄰居，卻在突然之間拿著屠刀揮向了自己昔日的朋友。一名當年參與過屠殺的胡圖族人在採訪中說道：「我們本來是很好的朋友，經常一起喝酒聊天，但是有一天政府突然發給我們武器，告訴我們圖西族是敵人。」

這是一次莫名其妙的屠殺的開端，在拿到武器時，他一直在猶豫，自己的鄰居不像是政府所說的那種壞人，但他的猶豫並沒有維持多久。「本來我一直在猶豫，但是看到已經動手的其他鄰居和軍隊，我放棄了思考，開始奉命行事。」

第五章　群魔亂舞─群體性犯罪

　　面對突然來臨的屠殺，圖西族人的反應只有疑惑，他們想不明白，一直秉性溫和的鄰居為什麼突然就把屠刀揮向自己。一名胡圖族婦女回憶道：「當我把手中的刀砍向鄰居家的孩子時，他並沒有驚慌逃跑，反而一臉迷惑地看著我。」這個孩子顯然不能理解，為什麼昨天還給自己糖果的阿姨，今天突然要殺掉自己。

　　就這樣，很多毫無防備的圖西族人被自己的鄰居和朋友殺害了，而當反應過來這是一場屠殺之後，他們又開始期待聯合國的救援。遺憾的是，聯合國沒有採取任何實際行動，他們只能眼睜睜地等著被殺掉。

　　屠殺造成的傷害不僅僅是死亡，對於圖西族的女性來說，她們面臨的還有更加恐怖的遭遇──超過五十萬名婦女在屠殺中被強暴。對於女性的侮辱開始於胡圖族的領導者之一希爾維斯特，他率領眾人輪姦了自己昔日好友的女兒，並且宣稱要她生不如死。還有更難以理解的事情發生了，一些瘋狂的屠殺領導者甚至下令在殺死女人之前必須先強暴她們，這簡直是難以想像的。

　　胡圖族人的殘暴在迅速蔓延，其傳播速度就像是生化危機中的病毒一樣，在極短的時間內傳染了整個國家。而與此同時，胡圖族人的人性也在迅速消失，他們在各種公共場合侮辱女性，甚至將這種共同犯罪的殘忍行徑當作提高胡圖族

「路西法效應」：種族大屠殺

人群體凝聚力的一種手段。於是，原本漫無目的的隨機強暴變成了有組織的輪姦，這對女性來說簡直比地獄更可怕。

人性一旦開始消失，人的行為也就變得毫無道德底線。他們會逼著父親當著眾人的面強姦自己的女兒，也會逼著兒子當著父親的面強姦自己的母親，甚至會當著被害人的面用各種殘忍的手段殘害其親人。其場面之殘暴，一些以血腥恐怖著稱的禁播電影，與之比起來也只是小巫見大巫而已。

【犯罪心理分析】

原本普普通通的胡圖族人為什麼會突然變得如此殘忍呢？據調查，在屠殺的過程中，胡圖族的女性甚至比男性更加殘忍。多年以後，很多著名的社會心理學家都試圖了解其中的原因，但在訪談中，當年曾經參與屠殺的人們卻一次又一次地說出了挑戰專家們心理底線的言論。

一位當時剛成年不久的男子說出了這樣的話：「我殺了很多人，但是我並沒有感到愧疚，只是在最後覺得有些疲憊。」持這樣言論的人在任何文明社會中，都會被當作具有反人類傾向的超級變態殺人狂，是在犯罪檔案中被無數犯罪學家拿來研究的特殊個例，但在大屠殺時期的盧安達，這樣的人何止成千上萬。

第五章　群魔亂舞—群體性犯罪

還有一個人曾這樣描述自己參與屠殺時的心理：「我知道他們並不是什麼敵人，也沒有犯罪，但是我停不下來，周圍的人都在做同樣的事情，他們也停不下來。」而其唯一對屠殺有些微詞的言論也同樣令心理學家們感到戰慄：「在殺人的時候因為猶豫而遲疑了，一定不能說出自己遲疑的原因，否則就會被當成敵人的共犯，我只能假裝自己是累了，但也不能遲疑太久，那會被人看穿的。」

事實正是如此，死在這場大屠殺中的胡圖族人同樣不少，一部分人是因為對圖西族人的同情，也有一部分人單純是因為對殺人的猶豫。在這場屠殺中，大部分的胡圖族人都已經陷入喪失人性的瘋狂了。

當然，這場瘋狂屠殺也不是沒有根源的。事實上，最初的盧安達並沒有胡圖族和圖西族之分，在殖民戰爭開始之後，歐洲的殖民者才強行把盧安達人分成了兩個種族。殖民者在進入盧安達之後，挑選長相舉止跟白人更接近的人（膚色較淺、鼻梁較高的人），作為統治階級，稱為圖西族。這些圖西族人因為殖民者的「支持」，有了接受教育和參與管理的機會，或許在大多數的胡圖族人看來，圖西族人就是投靠侵略者的叛徒。於是，仇恨就在不知不覺之中累積起來。殖民者離開之後，失去了絕對武力的控制，占大多數的胡圖族人自然會對圖西族人展開瘋狂報復，這場報復在極端主義者的

鼓動之下就直接變成了一場慘無人道的屠殺。

事實上，大屠殺在歷史上屢見不鮮，最典型的便是發生在日本侵華期間的南京大屠殺，雖然被害人的數量不如盧安達大屠殺中的死亡人數，但其殘忍程度卻有過之而無不及。另外，在「二戰」當中，希特勒殺害了六百多萬的猶太人和上百萬的蘇聯俘虜。

那麼，人究竟為何會變得如此凶殘、泯滅人性呢？有這麼一場實驗或許能告訴你答案。

1971年，美國海軍的一名軍官因為虐囚事件被起訴，法官們認為虐囚事件之所以會發生，責任完全在於那名軍官，所以必須重判。但美國史丹佛大學的心理學教授菲利普·津巴多（Philip Zimbardo）卻有著不同的意見，他認為發生虐囚事件更多的原因在於周圍的環境，而不應當由某個單獨的人來承擔全部責任。法官當然不肯接受他的理論，於是菲利普·津巴多教授做了一個探討人性的心理學實驗——「史丹佛監獄實驗」，實驗顯示，好人也會犯下暴行。這種人及其性格的變化被津巴多教授稱為「路西法效應」，即上帝最寵愛的天使路西法墮落成了撒旦。這一實驗在後來引起了極大的爭議，也成為史丹佛大學有史以來最臭名昭彰的一次實驗。雖然當時的美國心理學會承認這次實驗符合所有的道德規則，但在實驗之後，這些標準都被加以修改，目的就是禁止再出現類

第五章 群魔亂舞──群體性犯罪

似的實驗。

8月的某天,史丹佛大學的一處公告欄上張貼著一則廣告:「關於研究監獄生活的心理學實驗急需招募一批男性志工,每人每天的酬勞是15美金,實驗時間為一到兩週。」或許是對於這種從未出現過的實驗感到好奇,報名者竟多達七十餘名。津巴多教授和他的助手們從這些學生裡挑出了二十四人,然後把他們安置在位於史丹佛廣場中心的一處模擬監獄中。

8月17日,實驗正式開始。透過拋硬幣的方式,這些人被隨機分成看守和犯人兩個團體。津巴多教授知道這樣的實驗存在一些風險,但他必須讓參與者們盡快進入自己的角色狀態。雖然扮演看守的學生從一開始就被告知不可以對囚犯造成任何身體上的傷害,但同時他們也被告知應當盡力營造一種讓囚犯感覺到無能為力的氛圍。雖然事先做過一些評估,但誰也無法預料實驗最終會走向何方。

在實驗前期,津巴多教授和他的助手們需要做的,就是建立出一個真正的看守和囚犯一起生活的監獄體系。扮演囚犯的學生在一開始就被要求赤身裸體地接受檢查,然後換上囚服,並且每人領取一個專屬於自己的數字編號。這是一種心理暗示,透過這種形式告訴扮演囚犯的學生們,從此之後他們就完全失去了自己原有的身分和社會地位,甚至連名字

也不復存在了,他們所擁有的只是一個代表自己的編號。為了讓囚犯們更快地進入狀態,他們被要求不斷地報出自己的編號,這樣做的目的是盡可能地讓這些學生完全接受自己囚犯的身分,甚至最好忘記這只是一次實驗。

對於扮演看守的學生們,實驗者也制定了類似的措施。事實上,最開始被分配去扮演看守的學生們並不樂意,就如同現在的很多年輕人一樣,他們認為只有扮演代表規則對立面的囚徒才夠酷。但這種牴觸情緒並沒有維持多久,當他們穿上獄警的制服,並被告知身為看守的種種權力並試著開始表現自己的權威之後,他們甚至比扮演囚徒的學生們更早地忘記自己只是在參與一次實驗。

實驗的第一天,看守們顯得有些無所事事,雖然他們進入狀態最快,但是並不知道自己可以做些什麼,這個時候雙方還是相安無事的。但是,第二天的時候囚犯們組織了一次反抗行動,他們撕掉了自己的編號,拒絕服從看守們的命令,甚至還對那些看起來非常著急卻顯得無可奈何的看守們進行嘲笑。面對這樣的狀況,看守們一開始有些手足無措,但當津巴多教授暗示他們應該採取一些可以控制局面的措施時,殘酷的鎮壓行動開始了。看守們強迫囚犯做伏地挺身,不給他們吃飯,而且沒收了枕頭和被子等物品來禁止囚犯們睡覺。當囚犯們進行了更加激烈的反抗之後,看守們開始禁

第五章　群魔亂舞—群體性犯罪

止囚犯們上廁所，讓他們裸體睡在水泥地上等等。

當年參與實驗的一名學生在四時年後的一次採訪中曾這樣表示：「當時我們當中的一部分人甚至覺得很難堪，畢竟對於年輕人來說，反權威才是最酷的事情。但當囚犯們開始反抗的時候，我們的想法都變了。」他說那是一種絲毫沒有猶豫的轉變：「在當時看來，他們進行反抗就是對我的蔑視，是對我和我背後體制的挑釁。對於挑釁者我們必須進行鎮壓。」這種心理愈演愈烈，甚至到最後變成了只要囚犯的行為不符合自己的心理預期，看守們就會認為他們在對自己進行挑釁。另一名參與者在後來的採訪中也表示，原本自己認為特別丟人的一些事情，比如說電影中獄警們的各種虐囚行為，這時候都會被自己不自覺地表現出來。看守和囚犯之間的互動開始發生了一些本質的變化。

當然，也不是所有人都會很快地進入角色，其中一名囚犯的扮演者就一直拒絕承認自己是一名真的囚犯，並且不斷地向周圍的人強調這只是一次實驗。但他的不合作遭到了看守們的殘酷鎮壓，甚至包括一些性侮辱，最後他變得比任何人更相信自己是一名真正的囚犯。

為了讓實驗看起來更符合實際情況，在第三天的時候，他們安排了一次親人探視活動。這些家長到來之後，甚至會向扮演看守的學生詢問自己是否可以和犯人擁抱之類的問

題,當探視時間到了之後,看守們會非常粗暴地中斷談話。實驗到了這個時候,基本上所有的學生甚至包括大部分的家長都已經開始忘記這只是一次實驗的事實,他們一致認為這是一家由史丹佛代管的真正的監獄。

第四天的時候,部分囚犯提出希望獲得假釋,他們可以為此放棄自己這些天參加實驗應得的酬勞,卻被看守們拒絕了。事實上,這些扮演囚犯的學生們只要退出實驗就隨時可以離開,但他們已經把自己當成了真正的囚犯。

在實驗中,津巴多教授所扮演的是典獄長這一角色。這位教授是一個很著名的反戰人士,深受學生的愛戴,待人也非常和善,但就是這樣的一個老好人也漸漸在試驗中迷失自我。他開始遺忘自己組織這次實驗的目的,並且忘記了自己本該是一個客觀的觀察者,反而全身心地投入典獄長這一角色中。四十年後,津巴多教授在著作中說出了自己當時的心理狀態:「我開始完全代入了角色,我會痛恨那些不合作的囚犯們,同時我也會在心裡思考某個看守的表現越來越棒。」津巴多教授完全忘記自己需要掌控實驗的進度,他開始一心沉醉於典獄長這一角色當中,並沒有發現實驗已經開始失控了。

當一名犯人開始用絕食來抵制看守們的殘酷鎮壓時,看守們很自然地對這名犯人進行各種羞辱,甚至還強迫其他犯人也一起這麼做。因為看守們一開始就被告知不可以對犯人

第五章 群魔亂舞—群體性犯罪

造成任何身體上的傷害,所以他們會假裝做出各種羞辱性動作,並在沒有其他觀察人員在場的情況下悄悄地毆打囚犯,因為他們認為單純的假動作懲罰已經無法讓囚犯聽話了。看守們還會不定時地干擾囚犯的睡眠,逼著他們穿上女裝,禁止他們洗澡,強迫他們待在因為不能去廁所而變得非常髒的屋子裡面,甚至用滅火器襲擊囚犯等。

底線在不斷地被突破,越來越多本不該發生的事情就這樣發生了。面對這一切,津巴多教授卻視而不見,他一方面開始挑選自己的得力「幹部」,一方面也在思考著該派誰去收拾那些不聽話的囚犯。

一切都在朝著失控的方向發展,幸好在第五天的時候,一名剛剛完成博士學業的學生前來觀摩實驗。這個學生名叫克里斯蒂娜・馬斯拉赫(Christina Maslach),當時是津巴多教授的戀人。她站在實驗區域之外觀察了看守對囚犯的種種行為之後,向津巴多教授提出了強烈的抗議:「那已經不再是一個實驗了,你看看他們都在做什麼!」

直到這時,津巴多教授才發現自己因為太過投入而忽略了正在發生的事情,自己本該是一個客觀的觀察者,但此時已經變成了和學生一樣的參與者。為了不讓場面徹底失控,他決定立即停止實驗。

事實上,這次實驗的後遺症在當時就已經表現出來了,

「路西法效應」：種族大屠殺

當得知實驗結束的時候，囚犯們表現得歡呼雀躍，而看守們卻覺得意猶未盡。他們不是為了貪圖每天 15 美元的報酬，而是在享受一種作為看守的感覺。一些本來性格溫和的學生在參與了實驗之後突然變得凶悍起來，而大部分囚犯的扮演者在實驗結束後的很長一段時間內都一直保持著對看守扮演者的痛恨和不信任。

在後來的心理測試中，參與實驗的學生當中有三分之一被測試出有真正的「暴力虐待」傾向，這些在實驗之前是不存在的；而囚犯中的大部分人都受到了心理創傷，甚至有兩個人不得不提前退出實驗。其中的一個在實驗結束的前一天晚上宣布退出，當時，他的父母發現他的身體狀況很差，於是，看守們決定准許他獲得假釋。但這名囚犯自己卻不願意退出，他在一門心思地組織其他囚犯進行更加激烈的反抗。

津巴多教授本人則遇到了更加嚴重的問題，不僅要面對各界人士的指責和批評，而且在弄清楚自己到底造成了什麼樣的後果之後，他曾經在長達數十年的時間裡一直無法面對自己一手創造的這次實驗。

至於盧安達大屠殺中那些原本性格很溫和的胡圖族人，為什麼會突然持刀砍向自己的鄰居，我們或許便可以從這一實驗中找到原因。

在實驗中，扮演看守的學生們最開始並不願意做出那些

第五章　群魔亂舞─群體性犯罪

傷害其他人的事情。這並不是因為本性或者其他原因，而是在他們之前接受的教育中一直重複著這樣一個道理──傷害別人是不對的，再加上他們並沒有理由去傷害自己的同學，雖然他們分屬一個實驗當中的兩個不同陣營。

事實上，一個人在找到足以支撐自己行動的理由之後，幾乎可以做出任何匪夷所思的事情。扮演看守的學生在完全投入角色之後，就會漸漸放棄之前的道德堅持，對囚犯的羞辱和鎮壓也有了自己的解釋：「他們這是在挑釁我和我背後的體制，那麼這時候對他們做出一些之前認為很過分的事情就變得理所當然了，並且在事後不會有一絲愧疚。」

在對盧安達大屠殺參與者的採訪當中，一個胡圖族婦女告訴採訪者自己當年親手殺過一名圖西族的小女孩，而之所以殺掉她，是因為她的父親和母親都已經被殺了，如果不殺掉她，她就會成為孤兒，遭受各種痛苦。這個看起來非常荒誕的解釋卻成為這個女人毫無心理負擔地把人殺死的理由。

如果只有一個人進行自我欺騙，那麼他就會覺得自己和周圍的環境格格不入；但如果所有人都在進行自我欺騙，那麼那些本來十分荒誕、和自己原本信念不相符的東西就會變得合理起來。

史丹佛監獄實驗當中的看守們，原本因為不傷害他人的信念和反權威的叛逆思想而對自己的身分感到不滿，但當扮

演囚犯的學生們真的做出一些類似囚犯所為的事情之後，他們又會覺得自己應該承擔起作為看守的職責來。在雙方一次又一次的互動中，看守開始把鎮壓囚犯看作是理所當然的事情，而囚犯也因為受到迫害而認為進行抗爭是理所當然的，這就形成了一個朝著不可預測方向發展的惡性循環。

當一個胡圖族人拿起刀的時候，他會懷疑自己的行為，更會本能地牴觸屠殺行動；但當所有的胡圖族人都開始做出同樣的行為時，自己的「異族」鄰居就已經不再是普通的鄰居了，而成為一種和自己敵對的存在。「他們已經不是普通人了，而是我們必須除掉的障礙」、「為了大局著想」、「必要的犧牲」等話語就成了他們的理由，這樣一來，他們就什麼事情都可以做出來了。

而一些內心裡不願意把屠刀揮向自己鄰居的人也難以倖免。身處於那樣一個環境當中，產生「如果我不參與，就會被當成叛徒」的心理是在所難免的。而一旦開始殺人之後，「反正大家都是這樣」、「反正我已經殺人了」等念頭就會一絲一絲地蠶食掉本身的理智，甚至還會產生「即便我不殺也會有別人殺，甚至還會死得更加痛苦」等念頭，讓他們覺得自己是在完成一項使命，是完全正確的事情。

第五章 群魔亂舞—群體性犯罪

「九月慘案」:「無套褲漢」的狂歡

提起法國大革命,大家可能想到的是法國人民高唱著鬥志激昂的〈馬賽曲〉(La Marseillaise),一路前行的場景。但「革命並不是請客吃飯,不是做文章,不是繪畫繡花,不能那樣雅緻,那樣從容不迫、文質彬彬,那樣溫良恭讓。革命是一場暴動,是一個階級推翻另一個階級的暴烈行動」。西元1792年9月2日,就發生了法國歷史上著名的「九月大屠殺」。

巴黎爆發的「九月大屠殺」在歷史中被稱作「九月慘案」。當時的巴黎爆發了「無套褲漢革命」,之所以稱作「無套褲漢革命」,是因為當時的法國貴族只習慣穿套褲(緊身褲),而普通的百姓穿的是無套褲,因此「無套褲漢革命」指的是一場沒有貴族的革命,是一場只有底層平民參加的革命。

當時的巴黎,外敵逐漸入侵,隆維已然失守,旺代等地甚至發生了保王黨叛亂。9月2日,凡爾登陷落,巴黎警鐘敲響,由這些「無套褲漢」組成的義勇軍們整裝待發。這時候的巴黎謠言四起,有謠言說被關進監獄的王室成員和貴族們要在監獄中發起暴動。在這些謠言的蠱惑下,義勇軍就自告

奮勇地跑到獄中,去處死那些「將要」發起暴動的犯人。

西元 1792 年 9 月 2 日至 5 日,慘無人道的大屠殺開始了,在這樣的大屠殺面前,法律顯然已經失去了它該有的約束力。9 月 2 日晚上,無數民眾集合在了貢塞榭崿監獄,從晚上 8 時開始,進行了長達九個多小時的屠殺,死難者達到三百五十人之多。而在另外一座監獄——亞培監獄,暴行更是持續了四十一個小時,同樣屠殺了上百人,甚至還對一些被害人使用了極其殘酷的刑罰,將其肢解。在這短短的三天時間裡,整個巴黎一共有上千人死於這場屠殺,這場屠殺還蔓延到了巴黎之外的城市。

在這場大屠殺中,有一位典型的被害人,就是當時的朗巴勒親王妃(Marie Thérèse Louise of Savoy, Princesse de Lamballe)。朗巴勒親王妃是當時法國王后瑪麗·安東妮(Marie Antoinette)的閨密,她在這場大屠殺中被活活虐待至死。「無套褲漢」首先用劍刺到了朗巴勒親王妃頭上,然後又將她的額頭劃破,鮮血從劃破的裂口處冒了出來,她全身上下都被血打溼了,朗巴勒親王妃失去了意識。

但是,「無套褲漢」不願意朗巴勒親王妃就這樣安靜地死去,於是他們開始了更加殘暴的行動,要讓朗巴勒親王妃承受生不如死的折磨。他們用刺刀撕開了朗巴勒親王妃的衣服,紛紛用牙齒撕咬她的身體,這些疼痛讓已經昏迷的朗巴

第五章 群魔亂舞—群體性犯罪

勒親王妃又甦醒了過來。為了讓朗巴勒親王妃感受到自己死亡的全過程,「無套褲漢」強迫朗巴勒親王妃站起來,繼續對她進行折磨和羞辱。最後,朗巴勒親王妃被他們折磨得已經沒有了絲毫站立的力氣,他們才決定要賜朗巴勒親王妃一死,然後用武器殺死了她。

「無套褲漢」對朗巴勒親王妃的屍體也不放過,用利劍對她進行了分屍,砍去她的全部手腳,開膛破腹,完全不成人形。瘋狂的人們將朗巴勒親王妃的腸子拽出體外,纏繞在手上來顯示自己的勇敢,甚至有人將她的心臟挖出來,哈哈大笑。他們砍下朗巴勒親王妃的頭顱,用長槍挑著,在關押法國王後的牢房窗外遊行。朗巴勒親王妃的生命定格在她 43 歲時的這場恐怖血腥中。

法國「九月大屠殺」震驚了整個西方世界,也被人們視為法國大革命中的一次恐怖事件,當時英國駐法國大使發出了「這都是些什麼樣的人啊!」的感慨。

這個殺人群體殺了大約一千多人,這個群體中除了少數職業無賴,主要是一些小店主和各行各業的手藝人——靴匠、鎖匠、理髮師、泥瓦匠、店員、郵差等。他們在別人的慫恿下,已經沒有了判斷力,他們完全相信自己是在完成一項愛國義舉,沒有意識到自己是在殺人犯罪。他們感覺自己在整個屠殺過程中既是法官又是執行人,認為自己是正義的

化身,絲毫不認為這是在犯罪。

這些暴亂者大多數都來自底層平民,對和他們同一階層的人有著極大的同情和理解,在得知平民囚犯在監獄中可能二十四小時都喝不上水之後,他們感覺這一切都是獄警的錯,這些獄警真的該死,就應該把這些獄警活活打死。當一名來自社會底層的罪犯被暴亂者的臨時法庭宣告無罪後,所有人都高興地與他擁抱,瘋狂地鼓掌。之後,他們便開始了針對貴族囚犯的瘋狂的大屠殺,在整個屠殺的過程中他們的情緒都十分高漲,整個屠殺人群處於極度的亢奮狀態,他們圍著屍體唱歌跳舞,歡樂地觀賞著被他們處死的貴族,他們認為他們的行為是充滿著正義的行為,這場屠殺是充滿正氣的屠殺。

在屠殺過程中,為了讓女士們看得更加真切,他們把女士們安排在了前面,於是其中的一名劊子手當時抱怨說,這樣使在場的人中只有很少的人才能享受到痛打貴族的樂趣。他們決定讓被害人從他們中間慢慢走過,然後用刀來刺傷被害人的背部,這樣被害人痛苦的時間就會長一點,大家也都可以感受到痛打貴族們的樂趣。在福斯監獄,被害人甚至被脫得精光,每個人都觀賞著被害人,直到每個人都看夠看膩以後,再用刀切開他們的五臟六腑。

他們的所有行為,都呈現出了群體頭腦特有的那種幼稚

第五章　群魔亂舞—群體性犯罪

的推理方式。因此，在屠殺了一千兩百至一千五百個「民族的敵人」之後，有人提議說，那些關著老年人、乞丐和流浪漢的監獄其實是在養著一些沒用的人，因此不如把他們也全都殺掉，他的這種建議居然立刻就被採納。在屠殺的過程中，他們已經失去了最初的目的，好像每個人都是該死的，屠殺的範圍越來越廣，囚犯無一例外地全被處死，其中包括五十名12歲到17歲的兒童。他們用自己的理由把這些人都變成了人民的公敵，全部處決。一週的屠殺結束，所有的這些處決也終於停止，殺人行動也停止了，劊子手們以為可以休息一下了。他們深信自己為國家立了大功，還前往政府請賞，有的甚至要求被授予勳章。

　　群體事件中，還有這樣一個例子，攻破巴士底監獄時典獄長被殺，殺死典獄長的人是巴士底監獄裡的一名廚師。這個廚師與典獄長並沒有什麼冤仇，並且廚師還是典獄長選拔進來的。當時廚師無事可幹，典獄長出於同情把他招了進來，沒想到他竟然成了殺死自己的凶手。

　　《烏合之眾》(*The Crowd: A Study of the Popular Mind*)中記載：一群人透過武裝鬥爭攻破了巴士底監獄的銅牆鐵壁，這群人圍住典獄長的時候非常興奮，他們不斷地向典獄長拳打腳踢，結束之後又開始了他們的屠殺狂歡，有人說要吊死他，有人說要砍下他的頭，有人說要把他拴在馬尾巴上⋯⋯

「九月慘案」:「無套褲漢」的狂歡

獄長在反抗的過程中,踢中了一位毆打他的人,這時有人建議讓那個被踢到的人殺了獄長,這個建議很快就得到了在場群體的認同。此人正是這個監獄的廚師,他來巴士底監獄工作主要是因為自己沒有事情可做,或者是出於一種好奇心,他被獄長踢到確實也是偶然。但是,這時群體的意見是讓他殺了獄長,他認為既然大家覺得這樣做是對的,他就覺得這是一種光榮的事情,而且還認為殺死了獄長一定會得到這個群體對他的認可。他便拿來一把刀,由於這把刀有點鈍,所以並沒有成功殺死獄長。因為是廚師,所以他從褲兜裡掏出了一把隨身攜帶的小刀,很容易就將獄長殺死了。

集體其實就是那些組織有序的群眾,這樣的群眾,比起那些毫無組織性的群體來說,有時候可能更可怕。就像當年的納粹,是一個組織有序、紀律嚴明的群體,在紀律嚴明的組織中,那個人絕對是身不由己的。集體主義精神必然消滅個性,扼殺人的獨立思考能力。德國納粹當年做出了無數的暴行:毒氣室由學有專長的工程師建造;兒童被學識淵博的醫生毒死;幼兒被訓練有素的護士殺害;婦女和嬰兒被受過高中或大學教育的人們槍殺。

第五章　群魔亂舞—群體性犯罪

【犯罪心理分析】

「九月慘案」，群眾在暴怒之中，一口氣殺死了上千人，這些人在群體情緒的慫恿下，感覺自己是在完成一個光榮的任務，是在為大家、為國家做一件好事。他們衝進監獄殺人放火，他們覺得自己所做的事情是正義的，而不是在犯罪。他們滿懷的正義感，沒有任何愧疚地大肆屠殺。不管當時他們的行為是多麼殘忍，但是他們在執行的過程中，感覺不到自己的殘忍。在屠殺的過程中他們歡呼，他們舞蹈，在歡呼喧囂中進行著血腥的屠殺。他們殺人的時候，滿臉的正義感與榮耀感，享受著殺人和折磨人的樂趣。殺人之後，這些人沒有感覺自己是在犯罪，反而要求政府為自己授予勳章，因為自己替政府消滅了那些社會的殘渣餘孽，是為社會做出傑出貢獻。

犯罪群體的一般特徵與我們在所有群體中看到的特徵幾乎是一致的：易受慫恿、輕信、易變，把良好或惡劣的感情進行誇大，都披著某種道德的衣裳等等。參與「九月慘案」的群體中，這些特徵一應俱全。

當時在這群人中，沒有一個人能確切地知道是誰下了殺掉犯人的命令，這些並不重要，但是，明確的一點是他們當時都受到了極大的慫恿和蠱惑，他們在這樣的蠱惑之下開始

「九月慘案」:「無套褲漢」的狂歡

了屠殺行動。他們深信自己肩負著重要使命,他們的這種行動有著強烈的率直和幼稚的正義感。他們認為自己是一名正義的愛國者,於是由自己判斷對方是否該死,透過這樣的方法,他們幼稚的良知得到了滿足,於是他們認為他們是在進行著合法的屠殺,殘忍的本能也可以盡情地釋放。

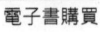

國家圖書館出版品預行編目資料

罪後真相，人性與罪惡的邊界：戀童癖殺手、未成年罪犯、種族大屠殺、華裔滅門案……從變態心理到群體犯罪，揭開罪惡背後的真相 / 曲楠，京師心智 編著. -- 第一版. -- 臺北市：樂律文化事業有限公司, 2024.08
面；　公分
POD 版
ISBN 978-626-7552-12-4(平裝)
1.CST: 罪犯 2.CST: 犯罪行為 3.CST: 犯罪心理
548.52　　113011567

罪後真相，人性與罪惡的邊界：戀童癖殺手、未成年罪犯、種族大屠殺、華裔滅門案……從變態心理到群體犯罪，揭開罪惡背後的真相

編　　著：曲楠，京師心智
責任編輯：高惠娟
發　行　人：黃振庭
出　版　者：樂律文化事業有限公司
發　行　者：崧博出版事業有限公司
E-mail：sonbookservice@gmail.com
粉　絲　頁：https://www.facebook.com/sonbookss/
網　　址：https://sonbook.net/
地　　址：台北市中正區重慶南路一段 61 號 8 樓
8F., No.61, Sec. 1, Chongqing S. Rd., Zhongzheng Dist., Taipei City 100, Taiwan
電　　話：(02) 2370-3310　　傳　　真：(02) 2388-1990
律師顧問：廣華律師事務所 張珮琦律師

定　　價：330 元
發行日期：2024 年 08 月第一版
◎本書以 POD 印製
Design Assets from Freepik.com